수능 중국어
필수 단어장

수능 중국어 필수 단어장

발행일   2020년 4월 29일

지은이   장사랑
펴낸이   손형국
펴낸곳   (주)북랩
편집인   선일영   **편집**   강대건, 최예은, 최승헌, 김경무, 이예지
디자인   이현수, 한수희, 김민하, 김윤주, 허지혜   **제작**   박기성, 황동현, 구성우, 장홍석
마케팅   김회란, 박진관, 장은별
출판등록 2004. 12. 1(제2012-000051호)
주소   서울특별시 금천구 가산디지털 1로 168, 우림라이온스밸리 B동 B113~114호, C동 B101호
홈페이지 www.book.co.kr
전화번호 (02)2026-5777   **팩스**   (02)2026-5747

ISBN   979-11-6539-177-5 13720 (종이책)   979-11-6539-178-2 15720 (전자책)

이 도서의 국립중앙도서관 출판예정도서목록(CIP)은 서지정보유통지원시스템 홈페이지(http://seoji.nl.go.kr)와
국가자료공동목록시스템(http://www.nl.go.kr/kolisnet)에서 이용하실 수 있습니다.
(CIP제어번호: 2020017319)

(주)북랩 성공출판의 파트너
북랩 홈페이지와 패밀리 사이트에서 다양한 출판 솔루션을 만나 보세요!
홈페이지 book.co.kr   •   **블로그** blog.naver.com/essaybook   •   **출판문의** book@book.co.kr

수능 **중국어**
필수 **단어장**

장사랑 지음

북랩 book Lab

사랑 쌤의
단어장 제작기

안녕하세요! 중국어 교육전문가 사랑 쌤입니다.

선생님은 이화여자대학교 석사과정에 재학할 당시 석사 논문으로 '수능 중국어 I' 문법 문항을 연구했어요.

'수능 중국어 I' 문법 문항에 대한 연구를 진행하면서 '우리 학생들이 수능을 준비하는 것은 정말로 힘들겠구나.'라는 생각이 들더라고요.

현재 교육부에서는 수능에서 출제할 880개의 어휘를 지정해놓았어요. 하지만 그 880개의 어휘가 가지고 있는 품사와 용법을 어느 범위까지 출제할 것인가에 대해서는 수능 출제 위원의 재량에 맡겨 두었어요.

그러니 우리 학생들은 도대체 이 '수능 중국어 I'은 어디에서부터 시작해, 어디에서 끝내야 하는지 학습상의 어려움을 반복적으로 겪을 수밖에 없습니다.

그래서 선생님이 직접 정리했습니다!

수능 **중국어**
필수 **단어장**

　여러분의 수능에 필요한 부분만 임팩트 있게 실어 놓은 최강의 수능 중국어 필수 단어장!

　필요 없는 예문은 모두 빼버리고, 이 단어들이 지난 10년간 실제 수능에서 어떤 품사와 뜻, 용법으로 출제가 되었으며, 또 어떻게 출제될 것인지 깔끔하게 정리했습니다.

　여러분의 마음은 가볍게, 머릿속은 명확한 지식으로만 꽉꽉 채워 줄 획기적인 수능 1등급 도전 필수 단어장!

　예비 고등학생도, 예비 고3도, 중국어를 1도 모르는 그 누구라도!

　지금부터 딱 30일만 선생님의 플랜에 따라서 '수능 중국어 I' 정복 해봅시다!

　수능 중국어 '1등급' 절대로 놓치지 마세요!

스카이써밋 아카데미 대표 김사랑

알려드립니다!

중국어는 한 단어가
여러 개의 품사와 뜻, 발음을 가지는
특징이 있습니다.

본 도서에서는 교육부가 지정한
'기본 어휘'와 '의사소통 기본 표현'에
제시된 어휘를 기준으로 하였습니다.

어휘 및 병음은 교육부가 제시한
내용과 동일하며,

품사 및 의미 제시의 범위는
수능 중국어가 본격적으로 어려워진
지난 10년간의 수능 및 평가원(6월, 9월)
모의고사에서 출제된 것과
2015 개정 교육과정을 기준으로 하였습니다.

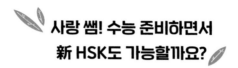

사랑 쌤! 수능 준비하면서
新 HSK도 가능할까요?

많은 학생이 '수능 중국어 I'을 준비하면서 '新HSK'를 함께 준비할 수 있는지 궁금해합니다! 그래서 준비했어요!

교육부에서 지정한 880개 어휘 중 '新HSK' 급수에 해당하는 어휘는 몇 개나 될까요?

	新 HSK	중국어 I
1급	150개	121
2급	150개	129
3급	300개	249
4급	600개	180
5급	1300개	40
6급	2500개 이상	8

'중국어 I' 단어 속 '新 HSK' 단어와 실제 '新 HSK' 개수 비교

객관적으로 보았을 때 '수능 중국어 I' 준비 + 약간의 노력만 더 기울일 수 있다면, 수능을 준비하면서 新 HSK4급은 충분히 합격할 수 있어요!

선생님 저는 중국어를 1도 모르는데,
1년 만에 '수능 중국어' 준비 가능할까요?

네, 충분히 가능합니다!

新 HSK와 비교해봤을 때 '중국어 I' 은 4급 정도에 해당합니다. 물론 몇몇 까다로운 문제들이 출제되나, 그 역시 특정 어휘들의 용법만 정확히 알고 있으면 충분히 1년 안에 좋은 성적을 거둘 수 있습니다!

수능 중국어
필수 단어장

잘못된 중국어 지식

1. 3성의 실제 발음

3성은 5도 표기법에서 (2,1,4)로 꼬리가 길에 올라가 있지만, 실제 중국인들의 발음은 소리를 아래로 내렸다가 멈춤(2,1)! 이것은 애초에 실험을 잘못해서 나온 결과랍니다!

2. 중국어를 '뽀, 포, 모, 포'부터 배운다? 혹은 '뽀어, 포머, 모어, 포어'부터 배운다?

모두 발음을 잘못 배운 경우입니다! 중국어 병음은 실제 원어민의 표준 발음과 다른 것이 여러 개 있어요! 같이 봅시다!

병음 표기	bo	po	mo	fo	ui	iu	un
실제 발음	buo	puo	muo	fuo	uei	iou	uen

목차

Part 1 한 가지 품사를 가진 어휘

Part 2 두 가지 품사를 가진 어휘

Part 3   세 가지 품사를 가진 어휘

Part 4   관용적 표현

'교재 무료 음원
블로그 바로 가기'

1

한 가지 품사를
가진 어휘

수사

숫자의 품사 이름이 바로 수사야!

001 几   jǐ   [新 HSK1급]

[수] 몇 (10 이하의 적은 수에만 씀)

002 零   líng   [新 HSK1급]

[수] 0, 영

003 一   yī   [新 HSK1급]

[수] 1, 일

[짝꿍] 一동사, 就~。'동사' 하자마자, ~하다.

004 二   èr   [新 HSK1급]

[수] 2, 이

[참고] 两 liǎng 둘

005 三   sān   [新 HSK1급]

[수] 3, 삼

006 四　sì　　　　　　　　　　　　　　　[新 HSK1급]

[수] 4, 사

[문화] '죽음'을 의미

 발음 문제

007 五　wǔ　　　　　　　　　　　　　　[新 HSK1급]

[수] 5, 오

008 六　liù　　　　　　　　　　　　　　[新 HSK1급]

[수] 6, 육

[문화] '순조로움'을 의미

009 七　qī　　　　　　　　　　　　　　[新 HSK1급]

[수] 7, 칠

[문화] '화, 분노'를 의미

010 八　bā　　　　　　　　　　　　　　[新 HSK1급]

[수] 8, 팔

[문화] '수익이 늘어남'을 의미

 발음 문제

수능 중국어
필수 단어장

011 九　　jiǔ 　　　　　　　　　　[新 HSK1급]

[수] 9, 구

[문화] 오랜 시간의 지속, 장수 등을 의미

012 十　　shí 　　　　　　　　　　[新 HSK1급]

[수] 10, 십

013 百　　bǎi 　　　　　　　　　　[新 HSK2급]

[수] 100, 백

014 千　　qiān 　　　　　　　　　　[新 HSK2급]

[수] 천

015 万　　wàn 　　　　　　　　　　[新 HSK3급]

[수] 만

016 亿　　yì 　　　　　　　　　　[新 HSK4급]

[수] 억

양사

모든 것의 양을 세는 단위

001 杯　bēi

[양] 잔, 컵

002 本　běn　　　　　　　　　　　　　[新 HSK1급]

[양] 권 (책, 잡지 등)

003 遍　biàn　　　　　　　　　　　　[新 HSK4급]

[양] 번, 차례 (전체 내용, 과정의 구간 반복)

[표현] 동사遍: 두루 '동사'하다.

004 部　bù

[양] 영화, 서적을 세는 단위

005 层　céng　　　　　　　　　　　　[新 HSK3급]

[양] 층, 겹

수능 중국어
필수 단어장

006 次　cì

[양] 번, 횟수, 차례 (단순 반복 동작)

기출 두 번째로~ 하다

第二次 dì èr cì (O) 두 번째

两次 liǎng cì (X) 두 번 (단순 횟수)

007 封　fēng

[양] 통 (편지, 봉투 등)

기출 一封信 yì fēng xìn 편지 한 통

008 个　gè

[新 HSK1급]

[양] 개 (정해진 양사가 없는 사물에 사용)

009 公斤　gōngjīn

[新 HSK2급]

[양] 킬로그램(kg)

010 公里　gōnglǐ

[新 HSK4급]

[양] 킬로미터(km)

011 件　jiàn

[新 HSK2급]

[양] 건, 장 (일, 옷, 사건 등)

012 斤　jīn

[양] 근 (중국의 한 근은 500g, 한국은 600g)

013 句　jù

[양] 마디 (말, 글 등)

 중첩 표현: 句句 한 마디 한 마디 (모든 말)

014 块　kuài　　　　　　　　　[新 HSK1급]

[양] 조각, 덩어리, 중국 화폐를 세는 단위

015 辆　liàng　　　　　　　　　[新 HSK3급]

[양] 대 (차량, 자전거 등)

 중첩 표현: 辆辆 모든 대 (차량, 자전거 등)

016 瓶　píng

[양] 병 (액체를 담는 병)

 발음 문제

017 双　shuāng　　　　　　　　[新 HSK3급]

[양] 쌍, 켤레 (같은 모양이 짝을 이룰 때)

수능 **중국어**
필수 **단어장**

018 岁　suì　　　　　　　　　　　　　　[新 HSK1급]

[양] 살, 세 (나이)

019 台　tái　　　　　　　　　　　　　　[新 HSK4급]

[양] 대 (가전제품, 기계 등)

020 条　tiáo　　　　　　　　　　　　　[新 HSK3급]

[양] 물고기, 길, 강, 바지 등의 길쭉한 것

🍊**기출** 大一条 dà yì tiáo: 큰 물고기 한 마리 (그림 제시)

021 位　wèi　　　　　　　　　　　　　[新 HSK3급]

[양] 분 (사람을 높여서 세는 단위)

022 些　xiē　　　　　　　　　　　　　[新 HSK1급]

[양] 조금, 약간 (복수의 사람, 사물 등 적은 수량)

023 一点儿　yīdiǎnr

[양] 조금, 약간 (객관적 사실)

🍊**기출** 동사/형용사+一点儿: 조금 더 (동사/형용사) 하다

一点儿+명사 : 조금의(약간의) 명사

024 元   yuán   [新 HSK2급]

[양] 위안 (중국의 화폐 단위)

기출 빈칸 채우기

025 张   zhāng   [新 HSK2급]

[양] 장 (얇고 넓은 것, 종이, 침대 등)

026 支   zhī   [新 HSK5급]

[양] 자루, 개피 (길고 얇은 것을 세는 단위)

027 座   zuò   [新 HSK4급]

[양] 좌석, 산, 도시 등을 세는 단위

명사

세상의 모든 이름을 나타내는 단어

001 爸爸 bà·ba

[新 HSK1급]

[명] 아빠, 아버지

002 班 bān

[新 HSK3급]

[명] 학급

[명] 근무

(기출) 上班 shàng/bān 근무를 가다. 출근 하다.

003 半 bàn

[新 HSK3급]

[명] 30분, 반 (시간 단위)

(기출) 30분: 半个小时 bàn gè xiǎoshí

半小时 bàn xiǎoshí 모두 가능

004 办法 bànfǎ

[新 HSK3급]

[명] 방법, 수단 (사람의 머리에서 나오는 것)

(기출) 真拿A没办法。A는 정말 방법이 없다.

005 办公室 bàngōngshì   [新 HSK3급]

[명] 사무실

006 棒球 bàngqiú

[명] 야구

007 包子 bāo·zi   [新 HSK5급]

[명] 찐빵 (소가 든)

008 杯子 bēi·zi   [新 HSK1급]

[명] 잔, 컵

009 鼻子 bí·zi   [新 HSK3급]

[명] 코

010 别人 biérén   [新 HSK3급]

[명] 다른 사람, 타인

수능 중국어
필수 단어장

011 部分 bù·fen [新 HSK4급]

[명] 일부, 부분

012 菜 cài [新 HSK1급]

[명] 요리, 반찬, 채소

기출 上菜 shàng cài 음식이 나오다.

013 菜单 càidān [新 HSK3급]

[명] 메뉴판

014 餐厅 cāntīng [新 HSK5급]

[명] 식당

015 操场 cāochǎng [新 HSK5급]

[명] 운동장

016 草 cǎo [新 HSK3급]

[명] 풀

017 茶　chá　　　　　　　　　　　　　[新 HSK1급]

[명] 차 (음료)

기출 발음 문제

018 超市　chāoshì　　　　　　　　　[新 HSK3급]

[명] 마트, 슈퍼마켓

019 车　chē

[명] 차, 자동차

020 车站　chēzhàn

[명] 정류장, 터미널

021 成绩　chéngjì　　　　　　　　　[新 HSK3급]

[명] 성적

022 城市　chéngshì　　　　　　　　[新 HSK3급]

[명] 도시

수능 **중국어**
필수 **단어장**

023 初中　chūzhōng

[명] 중학교

 발음 문제

024 出租(汽)车　chūzū(qì)chē

[명] 택시

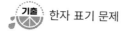 한자 표기 문제

025 厨房　chúfáng　　　　　　　　　[新 HSK3급]

[명] 주방

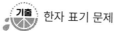 한자 표기 문제

026 船　chuán　　　　　　　　　　　[新 HSK2급]

[명] 배

 발음 문제

027 窗户　chuāng·hu　　　　　　　　[新 HSK4급]

[명] 창문

028 床　chuáng

[명] 침대

029 词　cí

[명] 단어, 말

030 词典　cídiǎn　　　　　　　[新 HSK4급]

[명] 사전

031 大学　dàxué

[명] 대학교

032 大衣　dàyī

[명] 외투

033 大夫　dài·fu　　　　　　　[新 HSK4급]

[명] 의사

034 灯　dēng　　　　　　　　[新 HSK3급]

[명] 등, 램프

수능 중국어
필수 단어장

035 弟弟 dì·di [新 HSK2급]

[명] 남동생

036 地方 dì·fāng [新 HSK3급]

[명] 부분, 곳, 장소, 지방

037 地铁 dìtiě [新 HSK3급]

[명] 지하철

기출 발음 문제

038 地图 dìtú [新 HSK3급]

[명] 지도

039 地址 dìzhǐ [新 HSK4급]

[명] 주소

기출 발음 문제

040 点心 diǎn·xin [新 HSK5급]

[명] 간식, 디저트

041 店　diàn

[명] 상점

042 电话　diànhuà

[명] 전화

043 电脑　diànnǎo　　　　　[新 HSK1급]

[명] 컴퓨터

044 电视　diànshì　　　　　[新 HSK1급]

[명] 텔레비전

045 电梯　diàntī　　　　　[新 HSK3급]

[명] 엘리베이터

046 电影　diànyǐng　　　　　[新 HSK1급]

[명] 영화

047 电影院　diànyǐngyuàn

[명] 영화관

수능 **중국어**
필수 **단어장**

048 电子邮件 diànzǐyóujiàn　[新 HSK3급]

[명] 이메일

049 东西 dōng·xi　[新 HSK1급]

[명] 물건

050 动物 dòngwù　[新 HSK3급]

[명] 동물

051 肚子 dù·zi　[新 HSK4급]

[명] 배 (신체 부위)

052 短信 duǎnxìn　[新 HSK5급]

[명] 문자 메시지

053 儿子 ér·zi　[新 HSK1급]

[명] 아들

054 耳朵 ěr·duo [新 HSK3급]

[명] 귀

055 发音 fāyīn

[명] 발음

056 饭 fàn

[명] 밥

057 饭店 fàndiàn

[명] 식당, 호텔

058 方法 fāngfǎ [新 HSK4급]

[명] 방법 (이미 정해진 지침서 상의)

[참고] '○○방법'처럼 수식어와 함께 써야 함

: 学习方法 xuéxí fāngfǎ 학습방법

059 方面 fāngmiàn [新 HSK4급]

[명] 방면, 측면

060 方向 fāngxiàng [新 HSK4급]

[명] 방향

061 房间 fángjiān [新 HSK2급]

[명] 방

062 飞机 fēijī [新 HSK1급]

[명] 비행기

063 风 fēng

[명] 바람

064 风景 fēngjǐng [新 HSK4급]

[명] 풍경

065 风沙 fēngshā

[명] 황사, 모래바람

066 服务员 fúwùyuán　　　　　　[新 HSK2급]

[명] 종업원

067 附近 fùjìn　　　　　　[新 HSK3급]

[명] 부근, 근처

기출 발음 문제

068 父母 fùmǔ

[명] 부모

069 刚才 gāngcái　　　　　　[新 HSK3급]

[명] 막, 방금, 좀 전에

기출 시간명사 <u>刚才</u>와 시간부사 <u>刚</u>의 위치 문제!

<u>刚才</u> 주어 <u>刚才</u> 동사/형용사: 주어 앞/뒤

주어 <u>刚(刚)</u> : 꼭 주어 뒤!

시간명사 刚才는 시량보어와 함께 사용 불가

[주의] 刚(刚)은 시량보어와 함께 사용 가능

刚(刚) 뒤에는 부정어를 사용 불가, 刚才는 가능

070 高考 gāokǎo　　　　　　[新 HSK6급]

[명] 중국의 대학수학능력시험

수능 **중국어**
필수 **단어장**

071 高中 gāozhōng

[명] 고등학교

072 歌 gē

[명] 노래

073 哥哥 gē·ge [新 HSK2급]

[명] 형, 오빠

074 个子 gè·zi [新 HSK5급]

[명] 키, 체격, 몸집

[명] 크기 (물건의)

075 工夫 gōng·fu [新 HSK6급]

[명] 시간, 틈, 노력

기출 '공부하다'라는 한국식 한자 의미로 쓰지 않음

076 公交车 gōngjiāochē

[명] 버스

077 公司 gōngsī [新 HSK2급]

[명] 회사

078 公园 gōngyuán [新 HSK3급]

[명] 공원

079 工作 gōngzuò [新 HSK1급]

[명] 일, 업무

080 狗 gǒu [新 HSK1급]

[명] 개

081 故事 gù·shi [新 HSK3급]

[명] 이야기, 스토리

082 贵姓 guìxìng

[명] 성씨

수능 **중국어**
필수 **단어장**

082 国 guó

[명] 나라, 국가

083 国家 guójiā

[新 HSK3급]

[명] 국가

084 孩子 hái·zi

[新 HSK2급]

[명] 아이

085 寒假 hánjià

[新 HSK4급]

[명] 겨울 방학

기출 성조 문제

086 好处 hǎochù

[新 HSK4급]

[명] 장점, 이익

087 号 hào

[新 HSK2급]

[명] 날짜, 일, (번)호

088 号码　hàomǎ　[新 HSK4급]

[명] 번호

089 河　hé　[新 HSK3급]

[명] 강

090 黑板　hēibǎn　[新 HSK3급]

[명] 칠판

기출 성조 문제

091 后天　hòutiān

[명] 모레

092 护照　hùzhào　[新 HSK3급]

[명] 여권

093 话　huà

[명] 말

수능 **중국어**
필수 **단어장**

094 火车 huǒchē
[명] 기차

095 机场 jīchǎng
[명] 공항
[新 HSK2급]

096 鸡 jī
[명] 닭

097 鸡蛋 jīdàn
[명] 달걀
[新 HSK2급]

098 机会 jīhuì
[명] 기회
[新 HSK3급]

099 季节 jìjié
[명] 계절
[新 HSK3급]

100 将来　jiānglái　[新 HSK4급]

[명] 미래, 장래

101 脚　jiǎo　[新 HSK3급]

[명] 발

102 饺子　jiǎo·zi　[新 HSK4급]

[명] (물)만두

103 教室　jiàoshì　[新 HSK2급]

[명] 교실

104 节目　jiémù　[新 HSK3급]

[명] 프로그램 (TV, 행사 등)

105 节日　jiérì　[新 HSK3급]

[명] 명절, 기념일

수능 **중국어**
필수 **단어장**

106 姐姐 jiě·jie [新 HSK2급]

[명] 언니, 누나

107 今年 jīnnián

[명] 올해

108 今天 jīntiān [新 HSK1급]

[명] 오늘

109 京剧 jīngjù [新 HSK4급]

[명] 경극

110 句子 jù·zi [新 HSK3급]

[명] 문장

111 咖啡 kāfēi [新 HSK2급]

[명] 커피

112 卡　kǎ　　　　　　　　　　　　　[新 HSK3급]

[명] 카드

113 烤鸭　kǎoyā　　　　　　　　　　[新 HSK5급]

[명] 오리구이

114 客人　kè·rén　　　　　　　　　　[新 HSK3급]

[명] 손님

115 空气　kōngqì　　　　　　　　　　[新 HSK4급]

[명] 공기, 분위기

116 裤子　kù·zi　　　　　　　　　　[新 HSK3급]

[명] 바지

117 筷子　kuài·zi　　　　　　　　　　[新 HSK3급]

[명] 젓가락

수능 중국어
필수 단어장

118 矿泉水 kuàngquánshuǐ [新 HSK5급]

[명] 생수

119 篮球 lánqiú

[명] 농구

기출 한자 표기 문제

120 老虎 lǎohǔ [新 HSK4급]

[명] 호랑이

기출 발음 문제

121 老师 lǎoshī [新 HSK1급]

[명] 선생님

기출 한자 표기 문제

122 梨 lí [新 HSK5급]

[명] 배 (과일)

123 礼物 lǐwù [新 HSK3급]

[명] 선물

기출 발음 문제

124 历史 lìshǐ [新 HSK3급]

[명] 역사

125 脸 liǎn [新 HSK3급]

[명] 얼굴

기출 발음 문제

126 楼 lóu [新 HSK3급]

[명] 건물, 층

127 路 lù [新 HSK2급]

[명] 길, 도로, 버스 번호

기출 발음 비교: 路 **lù** 绿 **lǜ**

[예시] 7路车 qī lù chē 7번 버스

128 绿茶 lǜchá

[명] 녹차

129 妈妈 mā·ma [新 HSK1급]

[명] 엄마

수능 **중국어**
필수 **단어장**

130 马　　mǎ　　　　　　　　　　　　　[新 HSK3급]

[명] 말 (동물)

기출 발음 문제

131 馒头　mán·tou　　　　　　　　　[新 HSK5급]

[명] 찐빵 (소 없는)

132 猫　　māo　　　　　　　　　　　　[新 HSK1급]

[명] 고양이

기출 발음 문제

133 帽子　mào·zi　　　　　　　　　　[新 HSK3급]

[명] 모자

134 妹妹　mèi·mei　　　　　　　　　[新 HSK2급]

[명] 여동생

135 门口　ménkǒu　　　　　　　　　[新 HSK2급]

[명] 입구

136 米饭 mǐfàn [新 HSK1급]

[명] 쌀밥

137 面 miàn

[명] 얼굴

[명] 면, 국수

138 面包 miànbāo [新 HSK3급]

[명] 빵

139 民族 mínzú [新 HSK4급]

[명] 민족

기출 한자 표기 문제

기출 성조 문제

140 明年 míngnián

[명] 내년

141 明天 míngtiān [新 HSK1급]

[명] 내일

수능 **중국어**
필수 **단어장**

142 名字 míng·zi   [新 HSK1급]

[명] 이름

143 奶奶 nǎi·nai   [新 HSK3급]

[명] 할머니

144 男 nán

[명] 남자

145 内容 nèiróng   [新 HSK4급]

[명] 내용

146 年 nián   [新 HSK1급]

[명] 년, 해

147 年级 niánjí   [新 HSK3급]

[명] 학년

148 年纪 niánjì　　　　　　　[新 HSK5급]

[명] 나이

149 鸟　　 niǎo　　　　　　　[新 HSK3급]

[명] 새

150 牛奶 niúnǎi　　　　　　　[新 HSK2급]

[명] 우유

151 牛肉面 niúròumiàn

[명] 우육면 (소고기면)

152 农村 nóngcūn　　　　　　[新 HSK4급]

[명] 농촌

 한자 표기 문제

153 女　　 nǚ

[명] 여자

수능 중국어
필수 단어장

154 女儿 nǔ'ér [新 HSK1급]

[명] 딸

155 排球 páiqiú [新 HSK5급]

[명] 배구

156 旁边 pángbiān [新 HSK2급]

[명] 옆, 근처

157 泡菜 pàocài [新 HSK2급]

[명] 김치

[표현] 泡菜汤 pàocàitāng 김치찌개

158 朋友 péng·you [新 HSK1급]

[명] 친구

159 票 piào [新 HSK2급]

[명] 표

160 苹果 píngguǒ [新 HSK1급]

[명] 사과

161 乒乓球 pīngpāngqiú [新 HSK4급]

[명] 탁구

162 普通话 pǔtōnghuà [新 HSK3급]

[명] 보통화 (현대 표준 중국어)

163 旗袍 qípáo [新 HSK6급]

[명] 치파오

기출 성조 문제

164 其他 qítā [新 HSK3급]

[명] 그 밖, 그 외

165 汽车 qìchē

[명] 자동차

[표현] 开汽车 kāi qìchē 운전을 하다

坐汽车 zuò qìchē 차를 타다

166 气温 qìwēn

[명] 기온

167 铅笔 qiānbǐ

[명] 연필

[新 HSK3급]

168 钱 qián

[명] 돈

[新 HSK1급]

169 前天 qiántiān

[명] 그저께

170 墙 qiáng

[명] 벽, 담

[新 HSK4급]

171 情况 qíngkuàng

[명] 상황

기출 한자 표기 문제

기출 성조 문제

[新 HSK4급]

172 球　qiú

[명] 공

173 去年　qùnián　　　　　　[新 HSK2급]

[명] 작년

174 裙子　qún·zi　　　　　　[新 HSK3급]

[명] 치마

175 人　rén　　　　　　　[新 HSK1급]

[명] 사람

176 人口　rénkǒu　　　　　　[新 HSK5급]

[명] 인구

177 人民币　rénmínbì　　　　[新 HSK4급]

[명] 위안화 (중국의 법정 화폐)

178 日　　rì

[명] 일, 하루, 해

[新 HSK1급]

179 肉　　ròu

[명] 고기

180 伞　　sǎn

[명] 우산

기출 발음 문제

[新 HSK3급]

181 色　　sè

[명] 색(깔)

182 山　　shān

[명] 산

183 商店　shāngdiàn

[명] 상점

[新 HSK1급]

184 上午 shàngwǔ　　　　　　　　　[新 HSK1급]

[명] 오전

185 社会 shèhuì　　　　　　　　　　[新 HSK4급]

[명] 사회

 발음 문제

186 身体 shēntǐ　　　　　　　　　　[新 HSK2급]

[명] 신체, 몸

187 生词 shēngcí

[명] 단어 (수업 당일에 새롭게 배우게 되는)

 성조 문제

188 生日 shēngrì　　　　　　　　　　[新 HSK2급]

[명] 생일

189 声音 shēngyīn　　　　　　　　　[新 HSK3급]

[명] (목)소리

수능 중국어
필수 단어장

190 时候 shí·hou [新 HSK1급]

[명] 때

191 时间 shíjiān [新 HSK2급]

[명] 시간

192 十字路口 shízìlùkǒu

[명] 사거리

193 事 shì

[명] 일, 사건

194 市场 shìchǎng [新 HSK4급]

[명] 시장

195 世界 shìjiè [新 HSK3급]

[명] 세계

196 事情 shì·qing   [新 HSK2급]

[명] 일, 사건

197 手 shǒu

[명] 손

198 手表 shǒubiǎo   [新 HSK2급]

[명] 손목시계

199 首都 shǒudū   [新 HSK4급]

[명] 수도

200 手机 shǒujī   [新 HSK2급]

[명] 휴대전화

201 书 shū   [新 HSK1급]

[명] 책

202 书包 shūbāo

[명] 책가방

203 书法 shūfǎ

[명] 서예

[新 HSK6급]

204 叔叔 shū·shu

[명] 삼촌

[新 HSK3급]

205 暑假 shǔjià

[명] 여름방학

206 树 shù

[명] 나무

[新 HSK3급]

207 数学 shùxué

[명] 수학

기출 발음 문제

208 水　shuǐ　[新 HSK1급]

[명] 물

209 水果　shuǐguǒ　[新 HSK1급]

[명] 과일

 발음 문제

210 水平　shuǐpíng　[新 HSK3급]

[명] 수준

211 宿舍　sùshè　[新 HSK5급]

[명] 기숙사

212 太极拳　tàijíquán　[新 HSK5급]

[명] 태극권

기출 한자 표기 문제

기출 발음 문제

213 太阳　tài·yáng　[新 HSK3급]

[명] 태양

수능 중국어
필수 단어장

214 汤   tāng   [新 HSK4급]

[명] 탕, 국

215 糖   táng   [新 HSK3급]

[명] 사탕, 설탕

216 特点   tèdiǎn   [新 HSK4급]

[명] 특징

217 体育   tǐyù   [新 HSK3급]

[명] 체육, 스포츠

218 天   tiān

[명] 하늘

[명] 날

기출 天天 날마다

219 天气   tiānqì   [新 HSK1급]

[명] 날씨

220 条件 tiáojiàn   [新 HSK4급]

[명] 조건

221 同学 tóngxué   [新 HSK1급]

[명] 학우, 동창

222 头 tóu·tou

[명] tóu 머리

[접미사] ·tou 일부 명사 뒤에 붙임

223 头发 tóu·fa   [新 HSK3급]

[명] 머리카락

224 图书馆 túshūguǎn   [新 HSK3급]

[명] 도서관

225 袜子 wà·zi   [新 HSK4급]

[명] 양말

기출 발음 문제

226 外国 wàiguó

[명] 외국

227 外语 wàiyǔ

[명] 외국어

228 晚会 wǎnhuì

[명] 저녁 파티

229 晚上 wǎn·shang

[新 HSK2급]

[명] 저녁

230 网 wǎng

[명] 그물, 망

[명] 네트워크, 인터넷

231 网站 wǎngzhàn

[新 HSK4급]

[명] 웹사이트

232 味道 wèi·dào [新 HSK4급]

[명] 맛

233 文化 wénhuà [新 HSK3급]

[명] 문화

234 问题 wèntí [新 HSK2급]

[명] 문제

235 午饭 wǔfàn

[명] 점심밥

236 洗手间 xǐshǒujiān [新 HSK3급]

[명] 화장실

237 下午 xiàwǔ [新 HSK1급]

[명] 오후

수능 중국어
필수 단어장

238 先生 xiān·sheng [新 HSK1급]

[명] ~씨 (성인 남성에 대한 경어)

239 现代 xiàndài [新 HSK4급]

[명] 현대

240 现在 xiànzài [新 HSK1급]

[명] 지금, 현재

241 香蕉 xiāngjiāo [新 HSK3급]

[명] 바나나

 발음 문제

242 消息 xiāo·xi [新 HSK4급]

[명] 소식

243 小姐 xiǎojiě [新 HSK1급]

[명] 아가씨

244 小时 xiǎoshí [新 HSK2급]

[명] 시간 (시간의 양, 1시간, 2시간 등)

 시간 표현에서 양사 个는 생략 가능

30분: 半个小时, 半小时 모두 가능

245 小学 xiǎoxué

[명] 초등학교

246 鞋 xié [新 HSK3급]

[명] 신발

 발음 문제

247 新年 xīnnián

[명] 신년

248 新闻 xīnwén [新 HSK3급]

[명] 뉴스 (종이로 된 신문 아님)

 성조 문제

249 信 xìn [新 HSK3급]

[명] 편지

 (一)封信 (yì)fēngxìn 편지 한 통

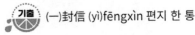

250 星期 xīngqī   [新 HSK1급]

[명] 요일, 주

251 星星 xīng·xing

[명] 별

252 行李 xíng·li

[명] 여행짐, 수화물

253 姓 xìng   [新 HSK2급]

[명] 성(씨)

254 性格 xìnggé   [新 HSK4급]

[명] 성격

기출 한자 표기 문제

255 兴趣 xìngqù   [新 HSK3급]

[명] 흥미, 재미

기출 한자 표기 문제

기출 성조 문제

256 熊猫 xióngmāo　　　　　　　　　[新 HSK3급]

[명] 팬더

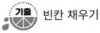 성조 문제, 발음 문제

257 学生 xué·shēng　　　　　　　　[新 HSK1급]

[명] 학생

258 学校 xuéxiào　　　　　　　　　[新 HSK1급]

[명] 학교

259 雪　　xuě　　　　　　　　　　[新 HSK2급]

[명] 눈

260 颜色 yánsè　　　　　　　　　　[新 HSK2급]

[명] 색깔

 빈칸 채우기

261 眼睛 yǎn·jing　　　　　　　　　[新 HSK2급]

[명] 눈

 张开眼睛 zhāng kāi yǎnjing 눈을 뜨다

262 眼镜 yǎnjìng　　　　　　　　[新 HSK3급]

[명] 안경

263 样子 yàng·zi　　　　　　　　[新 HSK4급]

[명] 모양, 형태

264 药　　 yào　　　　　　　　　[新 HSK2급]

[명] 약

[표현] 上药 shàng yào, 擦药 cā yào 약을 바르다

265 爷爷 yé·ye　　　　　　　　　[新 HSK3급]

[명] 할아버지

266 页　　 yè　　　　　　　　　　[新 HSK4급]

[명] 페이지, 쪽

267 衣服 yī·fu　　　　　　　　　[新 HSK1급]

[명] 옷

268 一起 yīqǐ [新 HSK2급]

[명] 함께

269 医生 yīshēng [新 HSK1급]

[명] 의사

270 医院 yīyuàn [新 HSK1급]

[명] 병원

271 以后 yǐhòu [新 HSK3급]

[명] 이후

기출 빈칸 채우기

272 以前 yǐqián [新 HSK3급]

[명] 이전

273 以外 yǐwài

[명] 이외

수능 **중국어**
필수 **단어장**

274 椅子 yǐ·zi [新 HSK1급]

[명] 의자

275 意见 yì·jiàn [新 HSK4급]

[명] 의견, 불만

[표현] 对A有意见。duì A yǒu yìjiàn A에게 불만이 있다.
 성조 문제

276 艺术 yìshù [新 HSK4급]

[명] 예술
 성조 문제

277 音乐 yīnyuè [新 HSK3급]

[명] 음악
기출 발음 문제

278 银行 yínháng [新 HSK3급]

[명] 은행

279 邮件 yóujiàn

[명] 우편물

280 邮局 yóujú [新 HSK5급]

[명] 우체국

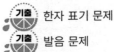 **기출** 한자 표기 문제

기출 발음 문제

281 游戏 yóuxì [新 HSK3급]

[명] 게임

282 鱼 yú [新 HSK2급]

[명] 물고기

283 雨 yǔ

[명] 비

284 月 yuè [新 HSK1급]

[명] 월, 달

285 月亮 yuè·liang [新 HSK3급]

[명] 달

 기출 발음 문제

수능 **중국어**
필수 **단어장**

286 云　yún　[新 HSK3급]

[명] 구름

287 杂志　zázhì　[新 HSK4급]

[명] 잡지

기출 발음 문제

288 早上　zǎo·shang　[新 HSK2급]

[명] 아침

289 炸酱面　zhájiàngmiàn

[명] 짜장면

290 照片　zhàopiàn　[新 HSK3급]

[명] 사진

291 照相机　zhàoxiàngjī　[新 HSK3급]

[명] 사진기

292 纸　zhǐ

[명] 종이

293 钟　zhōng　　　　　　　[新 HSK5급]

[명] 시계, 시간

294 中间　zhōngjiān　　　　　[新 HSK3급]

[명] 중간

295 中午　zhōngwǔ　　　　　[新 HSK1급]

[명] 한낮

296 中学　zhōngxué

[명] 중등학교 (중고등학교를 말함)

 발음 문제

297 周末　zhōumò　　　　　　[新 HSK3급]

[명] 주말

수능 **중국어**
필수 **단어장**

298 猪　zhū
[명] 돼지

[新 HSK4급]

299 主意　zhǔ·yi
[명] 생각, 아이디어

[新 HSK4급]

기출 한자 비교:

　主意 생각, 아이디어　**注**意 zhùyì 주의, 주의하다

300 桌子　zhuō·zi
[명] 책상, 탁자

[新 HSK1급]

301 字　zì
[명] 글자

[新 HSK1급]

302 自行车　zìxíngchē
[명] 자전거

[新 HSK2급]

303 足球　zúqiú
[명] 축구

304 嘴   zuǐ   [新 HSK4급]

[명] 입

305 昨天   zuótiān   [新 HSK1급]

[명] 어제

306 作业   zuòyè   [新 HSK3급]

[명] 숙제

307 左右   zuǒyòu   [新 HSK6급]

[명] 좌우, 가량,

[명] 가량, 쯤

수능 **중국어**
필수 **단어장**

대명사

'명사'를 대신 가리키는 단어!

001 大家 dàjiā [新 HSK2급]

[대] 여러분, 모두

002 各 gè [新 HSK4급]

[대] 각, 갖가지

003 哪里, 哪儿 nǎ·lǐ, nǎr

[대] 어디

004 那里, 那儿 nà·lǐ, nàr

[대] 거기, 저기

[표현] 你那儿 nǐ nàr 네가 있는 그곳

005 那样 nàyàng

[대] 그렇게, 저렇게

006 你　nǐ　　　　　　　　　　　　　　[新 HSK1급]

[대] 너

007 您　nín　　　　　　　　　　　　　[新 HSK2급]

[대] 당신

008 他　tā　　　　　　　　　　　　　　[新 HSK1급]

[대] 그

009 她　tā　　　　　　　　　　　　　　[新 HSK1급]

[대] 그녀

010 它　tā　　　　　　　　　　　　　　[新 HSK2급]

[대] 그것, 저것 (사물이나 동물 등을 가리킴)

011 为什么　wèishén·me　　　　　　　[新 HSK2급]

[대] 왜

012 我　wǒ　　　　　　　　　　　　　　[新 HSK1급]

[대] 나

수능 **중국어**
필수 **단어장**

013 咱们 zán·men

[대] 우리

014 怎么 zěn·me

[新 HSK1급]

[대] 어떻게~

015 怎么样 zěn·meyàng

[新 HSK1급]

[대] 어떻습니까

016 这 zhè

[新 HSK2급]

[대] 이, 이것, 이 사람, 이곳

017 这里, 这儿 zhè·lǐ, zhèr

[대] 이곳, 여기

[표현] 我这儿 wǒ zhèr 내가 있는 이곳

018 这么 zhè·me

[대] 이렇게, 이러한

019 这样 zhèyàng

[대] 이렇다, 이렇게

 성조 문제

020 谁　　shéi　　　　　　　　　[新 HSK1급]

[대] 누구

021 一切 yīqiè　　　　　　　　[新 HSK4급]

[대] 모든 (각양 각색의 것 모두)

수능 중국어
필수 단어장

부사

주로 동사나 형용사를 꾸미고 때로는 문장 전체를 꾸며주는 부사! 문장의 어감을 결정할지니!

001 必须 bìxū

[新 HSK3급]

[부] 반드시 ~ 해야 한다

 성조 문제

002 不 bù

[新 HSK1급]

[부] ~아닌(과거, 현재, 미래 모두 부정 가능, 주로 주관

적 바람, 의지 부정)

[짝꿍] 不是~, 就是~。búshì~,jiùshì~ : ~가 아니면 ~이다.

003 才 cái

[新 HSK3급]

[부] 이제야, 겨우, 비로소 (생각 보다 늦음)

 문장 내에서 어감에 맞게 사용해야 함

才到了? cái dàole? 이제야 왔냐?

就到了? jiù dàole? 벌써 왔냐?

004 常 cháng

[부] 항상

005 常常 chángcháng

[부] 자주, 종종

기출 常常의 부정형은 **不常**, 常常과 **没**는 함께 사용할
수 없음

기출 常常~了 (X) : 자주 일어나는 일에는 了 못씀

006 大概 dàgài　　　　　　　　　[新 HSK4급]

[부] 대략, 대개, 아마도

007 当然 dāngrán　　　　　　　　[新 HSK3급]

[부] 당연히

008 多么 duō·me　　　　　　　　[新 HSK3급]

[부] 얼마나 (정도)

009 非常 fēicháng　　　　　　　　[新 HSK2급]

[부] 굉장히, 매우

기출 성조 문제

수능 **중국어**
필수 **단어장**

010 赶快 gǎnkuài [新 HSK5급]

[부] 빨리, 어서

011 刚 gāng

[부] 막, 방금

🍋기출 주어 앞에 못 옴, <u>주어 뒤에만 씀</u>

012 更 gèng [新 HSK3급]

[부] 더욱

013 很 hěn [新 HSK1급]

[부] 매우

🍋기출 很은 형용사 중첩형(大大, 轻轻 등)과 같이 쓸 수 없다

[표현] 형용사+得很。de hěn = 매우 '형용사' 하다.

014 后来 hòulái [新 HSK4급]

[부] 그 후에, 그 뒤에 (미래 시제에 사용 불가)

015 互相 hùxiāng [新 HSK4급]

[부] 서로, 상호

🍋기출 성조 문제

016 极了 jí·le

[부] 매우, 아무, 몹시

017 就 jiù　　　　　　　　　　　　　　[新 HSK2급]

[부] 곧, 바로, 강조나 고집의 어감.

[부] 벌써, 일찍이 (주로 앞에 시간이 온다)

[부] 오직, 단지, ~ 만

[부] ~하면 (가정)

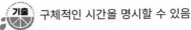 구체적인 시간을 명시할 수 있음

구체적 시간 + 就要~了 jiù yào~le。곧~할 것이다.

十分钟后, 就要동사了。Shí fēnzhōng hòu, jiù yào 동사 le.

: 10분 후에 동사한다.

 '~만' 이라는 뜻으로 주어 앞에 올 수 있다.

就他~ : 그 사람만~

 ~하면 (가정)

발음 문제

018 可 kě

[부] 강조를 나타냄

[표현] 可동사: '동사'할 만하다.

还可吃。hái kě chī. 그럭저럭 먹을 만해.

수능 중국어
필수 단어장

019 马上 mǎshàng

[부] 금방, 즉시

기출 빈칸 채우기

[新 HSK3급]

020 其实 qíshí

[부] 사실은, 실제로

[新 HSK3급]

021 稍 shāo

[부] 조금, 약간

기출 발음 문제

022 太 tài

[부] 매우, 너무

[新 HSK1급]

023 挺 tǐng

[부] 매우, 아주, 대단히

024 勿 wù

[부] ~하지 마라. ~ 해서는 안 된다.

[新 HSK6급]

025 先　xiān　　　　　　　　　　　　　　　[新 HSK3급]

[부] 먼저

[짝꿍] 先~, 然后(ránhòu)/再(zài)~ : ~하고 나서, ~하다

 위치 문제: 先은 문두 즉 주어 앞에 올 수 없다.

我们**先**~ (O) **先**我们~ (X)

026 也许　yěxǔ　　　　　　　　　　　　　[新 HSK4급]

[부] 아마도

 也许 앞에는 정도 부사 (예:很,非常,太등)을 쓸 수 없다

 빈칸 채우기

027 一共　yīgòng　　　　　　　　　　　　[新 HSK3급]

[부] 전부, 합계

 都 dōu 와 비교 문제: 합계를 이야기할 때는 '모두' 라는 뜻의 '都'가 아닌 '一共'을 써야한다.

028 一直　yīzhí　　　　　　　　　　　　　[新 HSK3급]

[부] 줄곧 (이전부터 지금까지)

[부] 똑바로 (방향)

 빈칸 채우기

수능 **중국어**
필수 **단어장**

029 已经 yǐjīng [新 HSK2급]

[부] 이미

030 有点儿 yǒudiǎnr

[부] 조금

 有点儿+형용사: 조금 형용사 하다. (주관적 혹은 부정적)

有点儿难。yǒudiǎnr nán. 조금 어렵다.

031 又　　yòu [新 HSK3급]

[부] 또, 다시 (주로 이전에 했던 행동을 다시 반복)

 又A又B : B A하기도 하고 B하다. A와 B는 같은 성격인 것.

又便宜又好吃。yòu piányí yòu hǎo chī

: 싸고 맛있다.

032 再　　zài [新 HSK2급]

[부] 다시 (주로 앞으로 다시 반복할 행동)

[짝꿍] 再~, 也(yě) ~。설령 ~하더라도 ~하다.

033 正在 zhèngzài [新 HSK2급]

[부] ~하는 중이다 (과거, 현재, 미래의 진행 모두 표현)

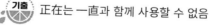 正在는 一直과 함께 사용할 수 없음

034 只好 zhǐhǎo　　　　　　　　　　　　[新 HSK4급]

[부] 어쩔 수 없이

[예문] 只好下次再来! zhǐhǎo xià cì zàilái!

　　　: 어쩔 수 없이 다음에 다시 와야겠다!

035 只是 zhǐshì

[부] 단지, 다만, 그저

036 终于 zhōngyú　　　　　　　　　　　[新 HSK3급]

[부] 마침내, 결국

037 总(是) zǒng(shì)　　　　　　　　　[新 HSK3급]

[부] 예외 없이, 항상, 늘

기출 总会~ zǒng huì~ : 언젠가는 (분명) ~ 할 것이다

038 最 zuì　　　　　　　　　　　　　　[新 HSK2급]

[부] 가장, 최고, 제일

039 最后 zuìhòu　　　　　　　　　　　[新 HSK4급]

[부] 맨 마지막, 결국에는

수능 **중국어**
필수 **단어장**

040 最近 zuìjìn

[新 HSK3급]

[부] 최근에

조동사

> 조동사의 진짜 이름은 '능원동사'야. 능력과 원하는 것을 이야기
> 하는 동사지. 주로 동사 앞에서 도와주는 역할을 하다보니 '조동
> 사'라는 별명이 생긴 건데, 이것은 실명보다 별명이 유명해진 경
> 우야!

001 敢 gǎn [新 HSK3급]

[조동] 감히(용기를 내서)~하다

002 会 huì [新 HSK1급]

[조동] ~할/일 것이다. (예측과 추측)

[예문] 会下雪。 huì xià xuě. : 눈이 올거야. (눈이 올 것 같아.)

[조동] ~할 수 있다. (배워서 할 수 있는 것)

[예문] 会说汉语。 huì shuō hànyǔ : 중국어를 할 줄 안다.

[표현] 很会동사: '동사'를 아주 잘한다.

   : 很会唱歌。 hěn huì chànggē 노래를 아주 잘한다.

[표현] 会~的:(분명) ~ 할 거야.

   : 会来的。 huì lái de. (분명) 올 거야.

수능 중국어
필수 단어장

003 可以　kěyǐ　　　　　　　　　[新 HSK2급]

[조동] ~ 하는 것이 가능하다 (객관적 조건)

[예문] 可以刷卡。kěyǐ shuākǎ. 카드 결제가 가능하다.

[조동] ~ 하는 것이 가능하다 (허락)

[예문] 可以喝水吗? kěyǐ hē shuǐ ma? 물을 마셔도 될까요?

004 能　　néng　　　　　　　　　[新 HSK1급]

[조동] ~할 수 있다 (허락 혹은 객관적 조건)

[예문] 不能参加。tā bùnéng cānjiā. 참가할 수 없다.

[조동] ~잘한다. (일정 수준 이상의 능력)

[예문] 能唱歌。néng chànggē. 노래를 잘한다.

[조동] ~할 수 있다 (본래 능력의 회복)

[예문] 病好了, 能去上课了。bìng hǎole, néng qù shàngkèle
　　　: 병이 다 나아서 (이제) 수업에 갈 수 있게 되었다.

005 愿意　yuàn·yì　　　　　　　[新 HSK3급]

[조동] ~하기를 원하다 (기꺼이)

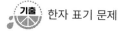 한자 표기 문제

006 应该　yīnggāi　　　　　　　[新 HSK3급]

[조동] (마땅히) ~해야 한다

동사

사람, 사물, 동물, 마음, 생각 등 세상의 모든 움직임을 이야기하는 단어!

001 爱 ài　　　　　　　　　　　　　[新 HSK1급]

[동] 사랑하다

[동] ~하기를 좋아하다 (취미, 습관)

002 安排 ānpái　　　　　　　　　　　[新 HSK4급]

[동] 처리하다, 안배하다 (일, 스케줄, 일정 등)

기출 성조 문제

[표현] 安排时间。ānpái shíjiān. 스케줄을 짜다.

003 搬 bān　　　　　　　　　　　　　[新 HSK3급]

[동] 옮기다, 운반하다

004 办 bàn

[동] 하다, 처리하다 (일, 사무적인 것 등)

005 抱 bào　　　　　　　　　　　　　[新 HSK4급]

[동] 포용하다. 안다

수능 중국어
필수 단어장

006 抱歉 bàoqiàn

[동] 미안하게 생각하다

기출 발음 문제

007 擦 cā

[동] 바르다, 문지르다

[동] 닦다

[동] 스치다

008 猜 cāi

[동] 추측하다, 알아 맞히다

009 参加 cānjiā

[동] 참가하다

010 查 chá

[동] 찾아보다, 검사하다, 검색하다.

011 尝 cháng

[동] 맛보다, 겪다, 시험해보다

[예문] 尝尝 cháng cháng 한 번 맛봐.

012 唱　chàng

[동] 노래하다

013 炒　chǎo　　　　　　　　　　　　[新 HSK5급]

[동] 볶다 (기름에)

014 吃　chī　　　　　　　　　　　　[新 HSK1급]

[동] 먹다

015 迟到　chídào　　　　　　　　　　[新 HSK3급]

[동] 지각하다

 正在(zhèngzài, 동작 진행)와 함께 사용 불가

016 出　chū　　　　　　　　　　　　[新 HSK2급]

[동] 나오다, 나가다

[동] 지불하다

[동] 생기다 (문제 등)

017 出发　chūfā　　　　　　　　　　[新 HSK4급]

[동] 출발하다

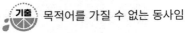 목적어를 가질 수 없는 동사임

수능 중국어
필수 단어장

018 出生 chūshēng [新 HSK4급]

[동] 태어나다

019 出现 chūxiàn [新 HSK3급]

[동] 나타나다 (현상, 문제 등)

020 穿 chuān [新 HSK2급]

[동] 입다, 신다 (옷, 신발 등)

[동] 관통하다, 뚫다 (구멍, 공간 등)

021 打算 dǎ·suàn [新 HSK3급]

[동] ~할 계획이다. ~할 생각이다

[주의] 동사/형용사/동사구/문장을 목적어로 가짐

022 打招呼 dǎzhāo·hu [新 HSK5급]

[동] 인사하다

023 戴 dài [新 HSK4급]

[동] 착용하다, 쓰다 (머리, 허리 등 신체 부위에)

024 带　dài　　　　　　　　　　　　[新 HSK3급]

[동] 휴대하다, 지니다 (물건 등)

[동] 데리고서, 모시다 (사람)

 기출 带走 dài zǒu 가지고 가다

025 当　dāng, dàng　　　　　　　[新 HSK4급]

[동] dāng ~이 되다, ~을 맡다, 감당하다

[동] dàng ~라고 여기다, ~라고 삼다

기출 dàng인 경우의 성조

026 掉　diào　　　　　　　　　　　[新 HSK4급]

[동] 떨어뜨리다, 떨어지다

[동] 방향을 바꾸다, 돌리다

[표현] 보어: ~해 버리다

　　丢掉 diūdiào 잃어버리다. 버려버리다.

027 丢　diū　　　　　　　　　　　　[新 HSK4급]

[동] 내버려두다, 방치하다, 손 놓다.

[동] 버리다

[동] 분실하다. 잃어버리다.

수능 **중국어**
필수 **단어장**

028 懂　dǒng [新 HSK2급]

[동] 이해하다, 알다

 빈칸 채우기

029 读　dú [新 HSK1급]

[동] 읽다 (책 등)

[동] 공부하다, 다니다 (교육기관)

[예문] 대학을 다니다. 读大学 dú dàxué

030 锻炼　duànliàn [新 HSK3급]

[동] 운동하다, 단련하다 (신체를)

031 放　fàng [新 HSK3급]

[동] 두다, 놓다

[동] 끝내다

[표현] 放学 fàng//xué (하루의 모든) 수업이 끝나다.

032 发展　fāzhǎn [新 HSK4급]

[동] 발전하다, 발전시키다

033 感到 gǎndào

[동] ~라고 느끼다, ~라고 생각하다

[주의] 동사/형용사/동사구/문장을 목적어로 가짐

034 感谢 gǎnxiè　　　　　　　　　　[新 HSK4급]

[동] 감사하다

035 告诉 gào·su　　　　　　　　　　[新 HSK2급]

[동] ~에게 ~라고 알려주다(이야기 해주다)

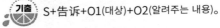 S+告诉+O1(대상)+O2(알려주는 내용)。

: S이/가 O1에게 O2을/를 알려주다.

: 첫 번째 목적어인 O1(대상)은 생략 불가

036 恭喜 gōngxǐ

[동] 축하하다

 성조 문제

037 刮　 guā

[동] 불다 (바람)

[동] 깎다 (수염 등)

수능 중국어
필수 단어장

038 挂 guà

[新 HSK4급]

[동] 걸다 (고리, 못 등에)

[동] 끊다 (전화)

[동] 접수하다, 등록하다

039 拐 guǎi

[동] 방향을 꺾어 돌아가다

[예시] 左拐 zuǒguǎi 좌회전 右拐 yòuguǎi 우회전

040 关 guān

[新 HSK3급]

[동] 닫다 (문, 서랍 등)

[동] 끄다 (전자 제품 등)

[동] 관련이 있다.

041 关心 guānxīn

[新 HSK3급]

[동] ~에 관심을 가지다, ~에 관심을 주다

기출 나는 A에게 관심을 가지고 있다.

我关心A。(O)   给A关心。(X)

042 好像 hǎoxiàng

[新 HSK4급]

[동] 마치 ~와 같다

043 喝　　hē　　　　　　　　　　　　　　　[新 HSK1급]

[동] 마시다

044 欢迎　huānyíng　　　　　　　　　　　[新 HSK2급]

[동] 환영하다

045 换　　huàn　　　　　　　　　　　　　[新 HSK3급]

[동] 교체하다, 바꾸다

046 回答　huídá　　　　　　　　　　　　[新 HSK2급]

[동] 대답하다

047 寄　　jì　　　　　　　　　　　　　　[新 HSK4급]

[동] 부치다, 보내다 (편지, 이메일 등)

[예문] 寄(一)封信 jì (yī) fēng xìn 편지를 한 통 보내다

048 见　　jiàn

[동] 보다, 만나다

049 讲　　jiǎng　　　　　　　　　　　　[新 HSK3급]

[동] 말하다, 설명하다

[동] 중요시하다

050 交　　jiāo　　　　　　　　　　　　[新 HSK4급]

[동] 제출하다, 주다 (문서, 물건 등)

[동] 맡기다. 넘기다 (일, 업무 등)

[동] 사귀다 (친구, 애인 등)

기출 빈칸 채우기: '주다', '사귀다' 의미

051 教　　jiāo,　jiào　　　　　　　　　[新 HSK3급]

[동] jiāo ~에게 ~을(를) 가르쳐주다

[형태] S+教+O1(가르치는 대상)+O2(가르치는 것)。

　　　: S이/가 O1에게 O2을/를 가르쳐주다.

[동] jiào 가르치다

052 接　　jiē　　　　　　　　　　　　　[新 HSK3급]

[동] 받다 (물건이나 전화 등)

[동] 맞이하다, 마중하다 (사람을)

[동] 연잇다, 연결하다,

053 结束 jiéshù　　　　　　　　　　[新 HSK3급]

[동] 마치다, 끝내다

🍊기출 발음 문제

054 解决 jiějué　　　　　　　　　　[新 HSK3급]

[동] 해결하다

055 借　 jiè　　　　　　　　　　　[新 HSK3급]

[동] 빌리다

056 进　 jìn　　　　　　　　　　　[新 HSK2급]

[동] 들다 (밖에서 안으로)

[동] 나아가다 (앞으로)

057 举　 jǔ　　　　　　　　　　　[新 HSK5급]

[동] 들다, 들어 올리다 (물건 따위를)

[동] 들다, 열거하다 (예시 등을)

🍊기출 빈칸 채우기

058 觉得 jué·de　　　　　　　　　　[新 HSK2급]

[동] ~라고 느끼다

[주의] 동사/형용사/동사구/문장을 목적어로 가짐

수능 **중국어**
필수 **단어장**

059 开　kāi

[新 HSK1급]

[동] 열다, 시작하다 (회의 등을)

[동] 열다 (닫힌 문, 물건 등을)

[동] 켜다 (전자제품을)

[동] 운전하다 (자동차 등을)

[동] 피다 (꽃이)

[동] 끓다 (물 등이)

 동사+着 뒤에는 수량보어나 결과보어 같이 못 씀

　　예) 开+결과보어+着+목적어。 (X)

060 看　kàn

[新 HSK1급]

[동] 보다

 看뒤에는 会를 결과 보어로 쓸 수 없음.

　　看会了 kàn huì le (X)

　　看见了 kàn jiàn le (O)　看到了 kàn dào le (O)

061 看见　kàn//jiàn

[新 HSK1급]

[동] 보았다, 보인다

062 考　kǎo

[동] 시험보다

063 哭　kū　　　　　　　　　　　　　　[新 HSK3급]

[동] 울다

064 拉　lā　　　　　　　　　　　　　　[新 HSK4급]

[동] 끌다, 당기다

[동] 당기다

[동] 돕다

[동] 용변을 보다

기출 拉一把 lā yì bǎ 한번 도와주다

065 来　lái　　　　　　　　　　　　　[新 HSK1급]

[동] 오다

[동] 주문하다 (주문하다: 点 diǎn 대신 사용 가능)

[표현] 주어来동사~: 주어가 (주동적으로) 동사하다

066 来不及　lái·bují　　　　　　　　[新 HSK4급]

[동] 시간에 맞출 수 없다 (시간이 촉박함)

067 练　liàn

[동] 연습하다, 훈련하다

수능 **중국어**
필수 **단어장**

068 了解 liǎojiě

[新 HSK3급]

[동] 파악하다, 이해하다, 알다 (이성적 파악)

069 留 liú

[新 HSK4급]

[동] 남기다, 물려주다, 전하다

[동] 머무르게 하다

[동] 받다 (선물, 물건 등)

[동] 새기다, 신경 쓰다.

 留下来 liú xià lái 남겨두다 留下 liú xià 남겨두다

070 旅行 lǚxíng

[동] 여행하다

[참고] 목적어를 가질 수 없는 동사임

071 旅游 lǚyóu

[新 HSK2급]

[동] 여행하다

[참고] 목적어를 가질 수 없는 동사임

072 买 mǎi

[新 HSK1급]

[동] 사다, 구매하다

 발음 문제

073 卖　　mài　　　　　　　　　　　　　　　　[新 HSK2급]

[동] 팔다

 기출 한자 표기 문제

기출 발음 문제

074 念　　niàn　　　　　　　　　　　　　　　[新 HSK5급]

[동] 공부하다

[동] 생각하다, 그리워하다

[동] 읽다

[동] 다니다 (학교에)

 기출 念高中一年级 niàn gāozhōng yī niánjí

: 고등학교 1학년이다. (다닌다)

075 弄　　nòng　　　　　　　　　　　　　　　[新 HSK4급]

[동] ~하다

[동] ~하게 만들다 (부정적 의미) ※ **출제빈도高**

[동] 묻히다 (액체, 이물질 등)

076 爬　　pá

[동] 기다

[동] 오르다 (산, 높은 곳 등)

수능 **중국어**
필수 **단어장**

077 拍　pāi

[新 HSK5급]

[동] 치다 (손바닥으로)

[동] 촬영하다 (사진, 영상, 드라마, 영화 등)

078 跑　pǎo

[동] 달리다

[동] 도망가다, 이탈하다.

079 骑　qí

[新 HSK3급]

[동] 타다 (자전거, 말 등)

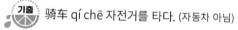 기출 骑车 qí chē 자전거를 타다. (자동차 아님)

080 起　qǐ

[동] 시작하다

[동] 떼어내다. (물건 등)

[동] 일어나다 (바람 등)

[동] 나다 (여드름, 뾰루지 등)

081 请　qǐng　[新 HSK1급]

[동] 동정하다

[동] ~~에게 ~하도록 청하다.

[형태] S1+请+[O1&S2]+V2+O2。

: S1이/가 [O1&S2]에게 O2을/를 V2하기를 청하다.

 발음 문제

082 取　qǔ　[新 HSK4급]

[동] 취하다, 얻다

083 去　qù　[新 HSK1급]

[동] 가다, ~로 가다.

084 劝　quàn

[동] 권하다, 설득하다

085 认识　rèn·shi　[新 HSK1급]

[동] 알다 (서로 모르는 사이에는 쓸 수 없음)

[동] 인식하다, 알다 (글자, 건물 등)

수능 중국어
필수 단어장

086 认为 rènwéi

[新 HSK3급]

[동] ~라고 생각하다, ~라고 여기다

[주의] 동사/형용사/동사구/문장을 목적어로 가짐

087 散 sàn, sǎn

[동] sàn: 흩어지다, (흩)뿌리다, 끝내다

[동] sǎn: 느슨해지다, 퍼지다

088 晒 shài

[新 HSK5급]

[동] 햇볕이 내리쬐다, 햇볕을 쬐다

089 烧 shāo

[동] 태우다, 불 사르다

090 试 shì

[新 HSK4급]

[동] 시험 삼아 해보다

091 收 shōu

[新 HSK4급]

[동] 받다 (물건 등), 거두어 들이다

[동] 회수하다 (원래 자기 것)

[동] 제자리로 한데 모으다 (물건 등)

092 收拾 shōu·shi　　　　　　　　　　[新 HSK4급]

[동] 치우다, 정리하다

 기출 한자 표기 문제

093 输 shū　　　　　　　　　　[新 HSK4급]

[동] 지다

094 属 shǔ

[동] ~띠이다 (십이간지)

[동] ~에 속하다

095 说 shuō

[동] 말하다

 기출 说+사람명사: 그 사람을 혼내다 혹은 욕하다

096 死 sǐ　　　　　　　　　　[新 HSK4급]

[동] 죽다

수능 **중국어**
필수 **단어장**

097 送　sòng　[新 HSK2급]

[동] 주다, 보내다, 선물하다

[동] 배웅하다, 데려다 주다

[동] ~에게 ~을 주다, 보내다, 선물하다

[형태] S+送+O1(주는 대상)+O2(주는 것)。

: S이/가 O1에게 O2을/를 주다/보내다/선물하다.

 빈칸 채우기: 배웅하다, 보내다 의미

098 算　suàn　[新 HSK4급]

[동] 계산하다, ~인 셈이다, ~로 간주하다.

099 谈　tán　[新 HSK4급]

[동] 이야기 하다, 말하다

 언급하다: 谈起 tán qǐ = 提 tí

100 躺　tǎng　[新 HSK4급]

[동] 눕다

101 疼　téng　[新 HSK3급]

[동] 아프다

[동] 몹시 아끼다, 귀여워하다, 소중히 여기다

102 讨论 tǎolùn [新 HSK4급]

[동] 토론하다

103 踢 tī

[동] 차다 (발로)

104 添 tiān

[동] 더하다, 보태다, 첨가하다

105 听 tīng [新 HSK1급]

[동] 듣다

106 听说 tīngshuō

[동] 듣자하니 ~라고 하던데

107 停 tíng

[동] 멈추다, 정지하다

108 同意 tóngyì [新 HSK3급]

[동] 동의하다, 승인하다, 찬성하다

109 脱 tuō [新 HSK4급]

[동] 벗다 (옷 등)

[동] 이탈하다 (환경 등)

[동] 빠지다 (머리가), 벗겨지다 (피부가)

110 完 wán [新 HSK2급]

[동] 끝내다, 완료하다

111 玩 wán [新 HSK2급]

[동] 놀다

112 忘 wàng

[동] 잊어버리다, 망각하다.

113 忘记 wàngjì [新 HSK3급]

[동] 잊어버리다

[동] 소홀히 하다

114 问   wèn   [新 HSK2급]

[동] 묻다

[동] ~에게 ~을/를 묻다.

[형태] S+问+O1(묻는 대상)+O2(묻는 내용)。

     : S이/가 O1에게 O2을/를 묻다.

115 喜欢   xǐ·huan   [新 HSK1급]

[동] 좋아하다

116 洗   xǐ   [新 HSK2급]

[동] 씻다

117 相信   xiāngxìn   [新 HSK3급]

[동] 믿다

118 响   xiǎng   [新 HSK4급]

[동] 울리다 (소리가)

119 像   xiàng   [新 HSK3급]

[동] ~와 닮다

[동] 마치 ~같다

120 小心 xiǎoxīn [新 HSK3급]

[동] 조심하다, 조심해라

기출 부정적인 것에 대해 쓴다.

121 笑 xiào [新 HSK2급]

[동] 웃다

122 写 xiě [新 HSK1급]

[동] 쓰다

123 学 xué

[동] 배우다

기출 '배웠다'라는 의미로 学뒤에 下라는 방향보어 사용 불가

学好了 xuéhǎole (O) 学会了 xuéhuìle (O)

124 以为 yǐwéi [新 HSK3급]

[동] ~인줄 알았다, ~라고 착각했다

기출 의미 비교: 认为 rènwéi ~라고 생각한다.

[주의] 동사/형용사/동사구/문장을 목적어로 가짐

125 赢 yíng [新 HSK4급]

[동] 이기다

[동] 이윤을 얻다

126 用功 yònggōng [新 HSK6급]

[동] 열심히 공부하다

127 有 yǒu [新 HSK1급]

[동] 가지고 있다

[동] ~에 있다 (장소)

 존재문

형태) 어떤 장소+有(没有)+불특정한 사물/사람。
: 어떤 장소에 불특정한 사물/사람이 있다/없다.
장소有<u>那本书</u>: '그 책'은 특정한 것이므로 오류

 비교문

형태) A+有/没有+B+(这么/那么)+형용사。
: A는 B만큼(이렇게/그렇게)형용사 하다/하지 않다.
我没有他高。wǒ méiyǒu tā gāo. 나는 그 만큼 크지 않다.

 겸어문

형태) S1+有/没有+[O1&S2]+V2+O2。
: S에게는 O2을/를 V2하는 [O1&S2]이/가 있다/없다
我有个朋友在美国学习。Wǒ yǒu gè péngyǒu zài měiguó xuéxí.
: 나에게는 미국에서 공부하는 친구가 있다.

수능 중국어
필수 단어장

128 原谅 yuánliàng [新 HSK4급]

[동] 양해하다

 진행형은 될 수 없다: 正在原谅。(X)

129 增加 zēngjiā [新 HSK4급]

[동] 증가하다

 발음 문제

130 找 zhǎo [新 HSK2급]

[동] 찾다, 방문하다.

[동] 거슬러주다 (잔돈)

 과거 시제가 나오면 找뒤에 가능 보어 사용 불가

과거시제+找得到/找不到 (X)

131 照顾 zhàogù [新 HSK3급]

[동] 고려하다

[동] 돌보다

 빈칸 채우기

132 知道 zhī·dào [新 HSK2급]

[동] 알다 (객관적이고, 단편적인 사실에 대해)

133 住   zhù   [新 HSK1급]

[동] 살다, 머무르다

134 祝   zhù   [新 HSK3급]

[동] ~하기를 축원한다, 기원하다 (미래 시제)

 祝(미래에 사용), 祝贺(완료된 일에 사용)

 발음 문제

135 祝贺   zhùhè   [新 HSK4급]

[동] 축하한다 (이미 일어난 일)

 성조 배열

 한자 표기 문제

136 走   zǒu   [新 HSK2급]

[동] 떠나다 (장소, 공간을)

[동] 왕래하다 (시간, 물체이동)

 '왕래하다'라는 표현으로 출제

137 组织   zǔzhī   [新 HSK4급]

[동] 개최하다, 조직하다 (활동, 행사 등)

 성조 문제

수능 중국어
필수 단어장

138 做 zuò [新 HSK1급]

[동] 하다, 만들다

139 坐 zuò [新 HSK1급]

[동] 앉다

[동] 타다 (대중교통 수단)

기출 '가득 앉아' 있다는 표현에서 坐 뒤에는 满을 결과

보어로 사용하고, 到는 사용 불가

이합(동)사

"기억해! 기억해야 돼! 그 사람 이름은 '이합사'야!"

하나, 이합사는 동목 구조로 이루어진 단어로, 이 동사 뒤에는 일반적으로 다른 목적어를 붙일 수 없어요. 물론 예외는 있음!

둘, 了, 着, 过, 보어, 수식어와 같은 기타성분들은 이 둘 사이를 찢고 들어가는 '이별요소'에요.

셋, 모든 커플의 성격이 다르듯 이합사는 주로 쓰이는 모습도 단어 by 단어에요.

일단 기출 유형을 잘 외워 두세요!

수능 중국어
필수 단어장

001 帮忙 bāng//máng [新 HSK3급]

[이합] 돕다 (누군가의 일을)

002 见面 jiàn//miàn [新 HSK3급]

[이합] 만나다 (누군가를)

003 跑步 pǎo//bù [新 HSK2급]

[이합] 달리다

004 散步 sàn//bù [新 HSK4급]

[이합] 산책하다

005 上课 shàng//kè

[이합] 수업하다, 수업에 참여하다

006 上网 shàng//wǎng [新 HSK3급]

[이합] 인터넷에 접속하다.

기출 上不了网 shàng bùliǎo wǎng 인터넷에 접속이 안된다.

V不了 : V하는 것이 불가능하다

007 洗澡 xǐ//zǎo　　　　　　　　　[新 HSK3급]

[이합] 목욕하다

008 下课 xià//kè

[이합] 수업을 마치다. (과목 하나가 끝난 것)

009 放学 fàng//xué

[이합] 학교가 파하다, 방학하다

010 报名 bào//míng　　　　　　　[新 HSK4급]

[이합] 신청하다

011 毕业 bì//yè　　　　　　　　　[新 HSK4급]

[이합] 졸업하다

 성조 배열

기출 '是~的' 강조 구문 형태: S是과거시제명사毕的业。

毕了业就~ 졸업하고 나서 바로 ~하다.

毕业学校 (X) : 졸업 뒤에는 목적어를 붙일 수 없다.

수능 **중국어**
필수 **단어장**

012 打开 dǎ//kāi

[이합] 열다, 켜다 (목적어 수반 가능)

[예문] 打开电灯。dǎkāi diàndēng 전등을 켜다

013 打针 dǎ//zhēn

[新 HSK4급]

[이합] 주사를 맞다. 주사를 놓다

014 担心 dān//xīn

[新 HSK3급]

[이합] 걱정하다 (목적어 수반 가능)

[예문] 担心他。dānxīn tā. 그를 걱정하다.

015 堵车 dǔ//chē

[新 HSK4급]

[이합] 차가 막히다, 교통체증

016 发烧 fā//shāo

[新 HSK3급]

[이합] 열이 나다

017 放心 fàng//xīn

[新 HSK3급]

[이합] 안심하다, 마음을 놓다

기출 빈칸 채우기

018 加油 jiā//yóu

[이합] 응원하다, 파이팅!

019 结婚 jié//hūn [新 HSK3급]

[이합] 결혼하다

 지속이 불가한 동사는 '동사+지속시간+了'

결혼 한지 30년 되었다 :

结婚<u>三十多年了。</u> jiéhūn sānshí duō niánle (O)

<u>结了三十多年的婚。</u> (X)

020 离开 lí//kāi [新 HSK3급]

[이합] 떠나다 (목적어 수반 가능)

[예문] 离开北京了。líkāi běijīngle. 베이징을 떠났다.

021 聊天 liáo//tiān [新 HSK4급]

[이합] 이야기를 나누다 (가볍게), 수다를 떨다

 성조 배열

 聊天의 중첩형은 聊聊天(O) 聊天聊天(X)

022 拍照 pāi//zhào

[이합] 사진을 찍다

수능 **중국어**
필수 **단어장**

023 起床 qǐ//chuáng [新 HSK2급]

[이합] 기상하다, 일어나다

024 请假 qǐng//jià [新 HSK4급]

[이합] 휴가를 신청하다. 휴가 내다

025 请客 qǐng//kè [新 HSK4급]

[이합] 한 턱 내다

026 上学 shàng//xué

[이합] 등교하다

027 生气 shēngqì, shēng//qì [新 HSK3급]

[이합] shēng//qì 화내다

[명] shēngqì 생기, 활력

기출 生A的气: A에게 화내다

028 睡觉 shuì//jiào [新 HSK1급]

[이합] 잠자다

 보어는 동시에 쓸 수 없다.

예) 睡得정도보어+시량보어 (X)

 불가능 표현: 睡不着觉 shuì bùzháo jiào 잠을 못 자다

029 说话 shuō//huà [新 HSK1급]

[이합] 말하다

030 提高 tí//gāo [新 HSK3급]

[이합] 향상시키다 (목적어 수반 가능)

[예문] 提高水平。tígāo shuǐpíng. 수준을 높이다.

031 跳舞 tiào//wǔ [新 HSK2급]

[이합] 춤을 추다

032 完成 wán//chéng [新 HSK3급]

[이합] 완성하다 (목적어 수반 가능)

[예문] 完成作业。wánchéng zuòyè. 숙제를 다 하다.

033 问好 wèn//hǎo [新 HSK1급]

[이합] 안부를 묻다

수능 **중국어**
필수 **단어장**

034 游泳 yóu//yǒng [新 HSK2급]

[이합] 수영하다

 한자 표기 문제

 지속 가능한 동사는 아래와 같이 시량 보어 사용 가능

: 游了两个小时的泳。 yóule liǎng gè xiǎoshí de yǒng

두 시간 동안 수영을 하다

 발음 문제

035 着急 zháo//jí [新 HSK3급]

[이합] 조급해하다, 애를 태우다.

 한자 표기 문제

036 照相 zhàoxiàng

[이합] 사진을 찍다

037 注意 zhù//yì [新 HSK3급]

[이합] 주의하다, 조심하다 (목적어 수반 가능)

 注意身体。 zhùyì shēntǐ. 건강을 조심하다.

형용사

세상의 모든 상태와 모습을 표현해주는 단어!

001 矮　ǎi　　　　　　　　　　　　　[新 HSK3급]

[형] 작다 (키가)

002 白　bái　　　　　　　　　　　　　[新 HSK2급]

[형] 희다

[형] 무료의

[형] 쓸모없이, 괜히

[표현] (문화적 의미) 죽음이나 순결을 상징

기출 白去 bái qù 허탕 치다

没白劝 méi bái quàn 충고한 것이 소용이 있었어

003 饱　bǎo　　　　　　　　　　　　　[新 HSK3급]

[형] 배부르다

004 差不多　chà·buduō　　　　　　　　[新 HSK4급]

[형] 거의 다~하다, 거의 비슷하다

[형] 그럭저럭되다

수능 중국어
필수 단어장

005 聪明 cōng·míng [新 HSK3급]

[형] 총명하다

006 大 dà [新 HSK1급]

[형] 크다 (크기)

[형] 강하다, 많다 (자연현상의 세기)

[형] 넓다 (넓이, 범위 등)

[표현] 大+시간명사+(的) 상황의 부적절함 강조

大冬天的 dà dōngtiān de 한겨울인데!

기출 비가 많이 온다 :

下雨很**大** xià yǔ hěn dà (O)

下雨很**多** xià yǔ hěnduō (X)

007 低 dī [新 HSK3급]

[형] 낮다 (높이, 수준)

008 短 duǎn [新 HSK3급]

[형] 짧다 (길이)

009 饿 è [新 HSK3급]

[형] 배고프다

010 干净 gānjìng [新 HSK3급]

[형] 깨끗하다

 한자 표기 문제

 형용사이기 때문에 뒤에 목적어를 붙일 수 없음

011 高兴 gāoxìng [新 HSK1급]

[형] 내키다, 기쁘다 (마음에)

 중첩형: 高高兴兴(O) 很高高兴兴 (X)

형용사의 중첩은 이미 강조의 뜻,

중첩형 앞에 정도부사 很은 붙일 수 없다.

012 贵 guì [新 HSK2급]

[형] 귀하다, 비싸다

013 好看 hǎokàn

[형] 좋다 (보기에), 예쁘다

[형] 재밌다 (TV 프로그램, 영화 등)

014 好听 hǎotīng

[형] 좋다 (목소리, 음악 등이 듣기에)

수능 **중국어**
필수 **단어장**

015 好吃 hǎochī [新 HSK2급]

[형] 맛있다

016 好久 hǎojiǔ

[형] 오랫동안, 아주 길다 (시간이)

017 合适 héshì [新 HSK4급]

[형] 적당하다, 알맞다

기출 '合适' vs '适合' 비교 문제: 의미는 같음

合适는 형용사이기 때문에 목적어 가질 수 없음

适合(shìhé) 는 동사이기 때문에 목적어를 가질 수 있음

018 黑 hēi [新 HSK2급]

[형] 검다, 까맣다

[표현] (문화적 의미) 불법적인 것

019 红 hóng [新 HSK2급]

[형] 붉다

[형] 인기가 있다

[문화] 기쁨과 좋은 일을 상징함

020 坏　huài　　　　　　　　　　　[新 HSK3급]

[형] 나쁘다 (사람이)

[형] 망가지다 (물건 등)

021 黄　huáng　　　　　　　　　　[新 HSK3급]

[형] 노랗다

[표현] (문화적 의미) 광활함, 황제를 상징한다

022 简单　jiǎndān　　　　　　　　[新 HSK3급]

[형] 간단하다

023 近　jìn　　　　　　　　　　　[新 HSK2급]

[형] 가깝다

024 精彩　jīngcǎi　　　　　　　　[新 HSK4급]

[형] 좋다, 훌륭하다 (공연 등이)

025 久　jiǔ　　　　　　　　　　　[新 HSK2급]

[형] 오래되다 (시간이)

수능 중국어
필수 단어장

026 旧　jiù　　　　　　　　　　　　[新 HSK3급]

[형] 낡다

 기출　발음 문제

027 开心　kāixīn　　　　　　　　[新 HSK5급]

[형] 즐겁다

028 渴　kě　　　　　　　　　　　　[新 HSK3급]

[형] 목마르다

029 可爱　kě'ài　　　　　　　　　[新 HSK3급]

[형] 귀엽다, 사랑스럽다

030 苦　kǔ　　　　　　　　　　　　[新 HSK4급]

[형] 쓰다 (맛이)

[형] 괴롭다, 고되다 (삶, 생활이)

 기출　신체 부위가 아플 때는 쓸 수 없음

031 快　kuài　　　　　　　　　　[新 HSK2급]

[형] 빠르다

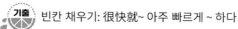 기출　快~了[kuài~le] 곧 ~가 된다. 곧 ~이다.

　　: 이 문장에서 구체적인 시간은 쓸 수 없음

기출　빈칸 채우기: 很快就~ 아주 빠르게 ~ 하다

032 快乐 kuàilè [新 HSK2급]

[형] 즐겁다

033 辣 là [新 HSK4급]

[형] 맵다

034 蓝 lán [新 HSK4급]

[형] 푸르다, 파랗다

기출 발음 문제

035 累 lèi [新 HSK2급]

[형] 피곤하다, 지치다

036 冷 lěng [新 HSK1급]

[형] 춥다

037 凉 liáng

[형] 선선하다, 시원하다, 차갑다

수능 중국어
필수 단어장

038 流利　liúlì　　　　　　　　　[新 HSK4급]

[형] 유창하다

039 绿　　lǜ　　　　　　　　　[新 HSK3급]

[형] 푸르다 (초록색의)

040 满　　mǎn　　　　　　　　[新 HSK4급]

[형] 가득하다

 발음 문제

041 慢　　màn　　　　　　　　[新 HSK2급]

[형] 느리다

 속도 표현에는 慢 : 시계가 느리게 간다

042 忙　　máng　　　　　　　[新 HSK2급]

[형] 바쁘다

043 美　　měi

[형] 아름답다

 발음 조합

044 美丽 měilì [新 HSK4급]

[형] 아름답다

045 难过 nánguò [新 HSK3급]

[형] 슬프다, 괴롭다

046 年轻 niánqīng [新 HSK3급]

[형] 젊다

047 暖和 nuǎn·huo [新 HSK4급]

[형] 따뜻하다

048 胖 pàng [新 HSK3급]

[형] 뚱뚱하다

049 便宜 pián·yi [新 HSK2급]

[형] 싸다, 저렴하다

050 漂亮 piào·liang [新 HSK1급]

[형] 아름답다

수능 **중국어**
필수 단어장

051 平安 píng'ān

[형] 평안하다

 기출 중첩 표현: 平平安安

052 奇怪 qíguài [新 HSK3급]

[형] 이상하다

053 轻 qīng [新 HSK4급]

[형] 가볍다

054 容易 róngyì [新 HSK3급]

[형] 쉽다

055 少 shǎo [新 HSK1급]

[형] shǎo : 적다, 부족하다

[형] shào : 젊다, 어리다

기출 양이 적을 때는 少 shǎo 를 쓴다. : 10원이 모자라.

기출 '적지 않은' 이라는 뜻: 少 (X) 不少(O)

기출 shào '젊다'의 의미로 출제

056 深 shēn [新 HSK4급]

[형] 깊다 (깊이), 짙다 (색)

057 瘦 shòu [新 HSK3급]

[형] 마르다 (신체)

[형] 꽉 끼다 (옷, 양말 등)

058 舒服 shū·fu [新 HSK3급]

[형] 편안하다

059 帅 shuài [新 HSK4급]

[형] 잘생기다

060 酸 suān [新 HSK4급]

[형] 시다 (맛이)

[형] 쑤시다. (몸이)

[형] 슬프다, 비통하다 (마음이)

061 甜 tián [新 HSK3급]

[형] 달다

[형] 행복하다, 만족스럽다 (생활 등)

062 晚 wǎn

[형] 늦다

수능 중국어
필수 단어장

063 咸　xián　[新 HSK4급]

　　[형] 짜다

064 香　xiāng　[新 HSK4급]

　　[형] 향기롭다

　　[형] 맛있다, 맛있는 냄새가 난다

065 小　xiǎo　[新 HSK1급]

　　[형] 작다

066 新　xīn　[新 HSK2급]

　　[형] 새로운

067 许多　xǔduō　[新 HSK4급]

　　[형] 많은, 허다한

　　기출 성조 문제

068 严重　yánzhòng　[新 HSK4급]

　　[형] 심각하다

　　기출 성조 문제

069 要紧 yàojǐn

[형] 중요하다, 심각하다

070 一般 yībān [新 HSK3급]

[형] 일반적이다, 보통이다

기출 빈칸 채우기

071 一样 yīyàng [新 HSK3급]

[형] 같다

072 阴 yīn [新 HSK2급]

[형] 흐리다 (날씨가)

기출 발음 문제

073 有名 yǒu//míng [新 HSK3급]

[형] 유명하다

074 有意思 yǒu yì·si

[형] 재미있다

수능 **중국어**
필수 **단어장**

075 愉快 yúkuài [新 HSK4급]

[형] 즐겁다

 성조 문제

[주의] 중첩하여 사용할 수 없음

076 远 yuǎn [新 HSK2급]

[형] 멀다

077 重要 zhòngyào [新 HSK3급]

[형] 중요하다

조사

여러 가지 도움을 주는 단어인 조사!

001 啊　　ā, á, ǎ, ·a　　　　　[新 HSK3급]

[조] 아!

002 吧　　ba　　　　　　　　[新 HSK2급]

[조] ~이지?, ~하자, ~해라

003 的　　·de　　　　　　　　[新 HSK1급]

[조] ~의, ~한 (명사, 명사구, 주어, 목적어를 수식하는
성분인 관형어를 표시해주는 구조 조사)

004 的话　·dehuà

[조] (만약)~라면

005 嘛　　·ma　　　　　　　　[新 HSK6급]

[조] ~잖아 (사실 등이 명백함을 나타냄)

수능 중국어
필수 단어장

006 吗　　·ma　　[新 HSK1급]

[조] ~입니까? (의문의 어기를 나타냄)

007 呢　　·ne　　[新 HSK1급]

[조] ~하고 있는 걸요 (사실 확인, 동작 진행)

[조] ~는? (되물음)

008 也　　yě　　[新 HSK2급]

[조] ~도, 역시

009 之　　zhī　　[新 HSK4급]

[조] ~의

전치사

일반적으로 '전치사+전치사의 목저어'인 '구' 형태로 쓰이는 전치사는 술어를 어떤 장소, 시간에 어떤 방향, 수단, 대상 등을 가지고 하는지 수식하는 역할을 주로 해!

001 被 bèi [新 HSK3급]

[전] (~에 의해) ~되다(당하다)

[형태] 특정한 S+被(+N)+V+기타성분。(피동문)

: S이/가 (N에 의해서) V 되다(당하다).

 피동문을 나타내는 被자문의 주어는 반드시 특정한 것을 사용해야 함

[주의] 동사 술어 뒤에 반드시 기타성분(了/목적어/가능보어를 제외한 보어 등)을 써야 함

002 从 cóng [新 HSK2급]

[전] ~에서부터 (시작 기점이 되는 장소, 시간)

 빈칸 채우기

003 关于 guānyú [新 HSK3급]

[전] ~에 관하여

 주어 뒤 술어 앞인 부사어 자리에 못 들어감

004 为了 wèi·le

[新 HSK3급]

[전] ~위하여

 为了: 행위의 목적이 되는 구(단어+단어)를 취함

为와는 다르게 명사나 대명사를 목적어로 취할 수

없음

접속사

단어와 단어, 구(단어+단어)와 구, 문장과 문장을 이어주는 말!
접속사는 '짝꿍'을 기억해야 해!

001 不但 búdàn [新 HSK4급]

[접] ~뿐만 아니라

[짝꿍] 不但~, 而且(érqiě)/也(yě)~。

: ~일 뿐 아니라, ~이기도 하다.

 짝꿍 표현

002 除了 chú·le [新 HSK3급]

[접] ~외에

[짝꿍] 除了~, 还(hái)/也(yě)~ : ~외에도 ~이다.

除了~, 都(dōu)~ : ~를 제외하고 모두 ~이다.

除了~, 就(jiù)~ : ~가 아니면 ~이다.

003 但是 dànshì [新 HSK2급]

[접] 그러나

수능 **중국어**
필수 **단어장**

004 而且 érqiě

[접] 게다가

 기출 而且既然 érqiě jìrán 게다가 이왕에~ 한 바에

005 比如 bǐrú

[新 HSK5급]

[접] 예를 들어

006 既然 jìrán

[新 HSK4급]

[접] 기왕 이렇게 된 이상

[짝꿍] 既然~, 就(jiù)~。이왕에 ~한 이상 ~하다

 기출 짝꿍 표현

007 可是 kěshì

[新 HSK5급]

[접] 그러나

008 然后 ránhòu

[新 HSK3급]

[접] 그리고 나서, 그러한 후에

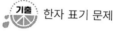 기출 한자 표기 문제

009 如果 rúguǒ　　　　　　　　　　[新 HSK3급]

[접] 만약

010 虽然 suīrán　　　　　　　　　　[新 HSK3급]

[접] 비록~일지라도

[짝꿍] 虽然~, 但是(dànshì)/可是(kěshì)~

: 비록~일지라도 ~이다.

 짝꿍 표현: 虽然~, 可是~

011 所以 suǒyǐ　　　　　　　　　　[新 HSK2급]

[접] 그래서

012 要是 yào·shi　　　　　　　　　　[新 HSK5급]

[접] 만약

[짝꿍] 要是A, (就 jiù)~。 만약 ~라면 ~이다.

013 只要 zhǐyào　　　　　　　　　　[新 HSK4급]

[접] ~하기만하면

 只要~, 就(jiù)~。~하기만 하면 ~하다.

수능**중국어**
필수**단어장**

감탄사

감탄을 표현하는 단어!

001 呀　　yā, ·ya　　　　　　　　　　　　[新 HSK4급]

[감] 놀람 나타내는 조사

002 喂　　wéi　　　　　　　　　　　　　[新 HSK1급]

[감] 여보세요 (전화 받을 때)

접미사

다른 단어에 붙여서 써!

001 们 ·men

[접미사] ~들(복수형)

for TOMORROW :

두 가지 품사를
가진 어휘

명사&동사

001 爱好 àihào   [新 HSK3급]

[명] 취미

[동] ~하기를 즐기다

002 帮助 bāngzhù   [新 HSK2급]

[명] 도움

[동] 돕다

003 报 bào

[명] 신문

[동] 알리다

004 比赛 bǐsài   [新 HSK3급]

[명] 시합, 경기

[동] 시합하다

 성조 문제

005 变化 biànhuà   [新 HSK3급]

[명] 변화

[동] 변화하다

006 表示 biǎoshì   [新 HSK3급]

[명] 표시

[동] 표시하다, 나타내다 (의견, 태도 등)

 기출 성조 문제

007 表演 biǎoyǎn   [新 HSK3급]

[명] 공연

[동] 공연하다

008 病   bìng

[명] 병

[동] 병나다

수능 **중국어**
필수 **단어장**

009 **点** diǎn

[新 HSK1급]

[명] 점

[명] 시 (시간 단위)

[동] 찍다 (점을)

[동] 주문하다

[동] 끄덕이다 (고개를)

 빈칸 채우기

010 **参观** cānguān

[新 HSK4급]

[명] 견학

[동] 견학하다

011 **发** fā

[新 HSK4급]

[명] fà 머리카락

[동] fā 발생하다, 보내다

 발음 문제

012 **发现** fāxiàn

[新 HSK3급]

[명] 발견

[동] 발견하다, 알아차리다

013 反对 fǎnduì　　　　　　　　　[新 HSK4급]

[명] 반대

[동] 반대하다

014 翻译 fānyì　　　　　　　　　[新 HSK4급]

[명] 통역가, 번역가

[동] 통역하다, 번역하다

 성조 배열

 빈칸 채우기: 명사

015 访问 fǎngwèn　　　　　　　　[新 HSK4급]

[명] 방문

[동] 방문하다

 성조 문제

016 复习 fùxí　　　　　　　　　[新 HSK3급]

[명] 복습

[동] 복습하다

 발음 문제

수능 **중국어**
필수 **단어장**

017 感冒 gǎnmào [新 HSK3급]

[명] 감기

[동] 감기에 걸리다

018 工作 gōngzuò [新 HSK1급]

[명] 일, 업무

[동] 일하다

019 关系 guān·xi [新 HSK3급]

[명] 관계 (사람과 사물 등의)

[동] ~에 관련되다

020 广播 guǎngbō [新 HSK4급]

[명] 방송

[동] 방송하다

021 画 huà [新 HSK3급]

[명] 그림 (画儿)

[동] 그리다

022 活动 huódòng [新 HSK4급]

[명] 활동 (몸을 움직이는 것), 행사, 이벤트

[동] 활동하다

023 极 jí [新 HSK3급]

[명] 정점, 절정

[동] 절정에 이르다

024 继续 jìxù [新 HSK4급]

[명] 계속

[동] 계속하다

기출 성조 문제

025 检查 jiǎnchá [新 HSK3급]

[명] 검사, 검진

[동] 검사하다, 검진하다

026 经过 jīngguò [新 HSK3급]

[명] 과정, 경과

[동] 경과하다, 거치다 (장소·시간·동작·과정 등)

수능 중국어
필수 단어장

027 介绍 jièshào [新 HSK2급]

[명] 소개, 설명

[동] 소개하다, 설명하다

028 决定 juédìng [新 HSK3급]

[명] 결정

[동] 결정하다

 기출 성조 배열

029 开始 kāishǐ [新 HSK2급]

[명] 시작

[동] 시작하다

[주의] 동사/형용사/동사구/문장을 목적어로 가짐

 기출 开始 뒤에는 명사가 올 수 없다.

030 咳嗽 ké·sou [新 HSK4급]

[명] 기침

[동] 기침을 하다

031 练习 liànxí [新 HSK3급]

[명] 연습

[동] 연습하다

032 联系 liánxì [新 HSK4급]

[명] 연락

[동] 연락하다

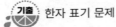 한자 표기 문제

033 录音 lùyīn [新 HSK5급]

[명] 녹음

[동] 녹음하다

034 迷 mí

[명] 마니아, 팬

[동] 심취하다, 빠지다

035 努力 nǔlì [新 HSK3급]

[명] 노력

[동] 노력하다

수능 중국어
필수 단어장

036 批评　pīpíng　　　　　　　　　　[新 HSK4급]

[명] 비평, 비판

[동] 비평하다, 비판하다

 성조 문제

037 上　　shàng　　　　　　　　　[新 HSK1급]

[명] 위

[동] 가다 (학교나 근무지 등에)

[동] 오르다

038 省　　shěng　　　　　　　　　[新 HSK4급]

[명] 성 (중국의 행정단위)

[동] 아끼다

 빈칸 채우기

039 生活　shēnghuó　　　　　　　　[新 HSK4급]

[명] 생활

[동] 생활하다, 생존하다

[참고] 목적어를 가질 수 없는 동사임

 성조 문제

040 使用 shǐyòng　　　　　　　　[新 HSK4급]

[명] 사용

[동] 사용하다

 기출 성조 문제

041 数　　 shǔ, shù　　　　　　[新 HSK6급]

[명] shù 수

[동] shǔ 세다, (~로) 꼽히다

042 说明 shuōmíng　　　　　　[新 HSK4급]

[명] 설명

[동] 설명하다

043 希望 xīwàng　　　　　　　[新 HSK2급]

[명] 희망

[동] ~하기를 희망하다

[주의] 동사/형용사/동사구/문장을 목적어로 가짐

 기출 성조 배열

044 习惯 xíguàn　　　　　　　[新 HSK3급]

[명] 습관

[동] 습관이 되다, 익숙해지다

수능 **중국어**
필수 **단어장**

045 休息 xiū·xi [新 HSK2급]

[명] 휴식

[동] 휴식하다.

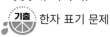 기출 한자 표기 문제

[참고] 목적어를 가질 수 없는 동사임

046 需要 xūyào [新 HSK3급]

[명] 필요

[동] 필요하다

047 学习 xuéxí [新 HSK1급]

[명] 공부, 학습

[동] 공부하다

048 演出 yǎnchū [新 HSK4급]

[명] 공연

[동] 공연하다

049 要求 yāoqiú [新 HSK3급]

[명] 요구

[동] 요구하다

 기출 성조 문제

050 意思 yì·si [新 HSK2급]

[명] 의견, 생각

[명] 뜻, 의미

[명] 재미

[동] 성의를 표시하다

051 影响 yǐngxiǎng [新 HSK3급]

[명] 영향

[동] 영향을 주다

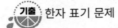 한자 표기 문제

052 运动 yùndòng [新 HSK2급]

[명] 운동

[동] 운동하다

 빈칸 채우기

053 站 zhàn [新 HSK3급]

[명] 정류장, 역

[동] 일어서다, 서다

 발음 문제

수능 중국어
필수 단어장

054 准备 zhǔnbèi　　　　　　　　　　　　　　[新 HSK2급]

[명] 준비

[동] 준비하다

명사&형용사

001 棒　bàng　　　　　　　　　[新 HSK5급]

[명] 방망이

[형] 높다, 대단하다 (수준, 능력 등)

 발음 문제

002 传统　chuántǒng　　　　　[新 HSK5급]

[명] 전통

[형] 전통적인, 보수적인

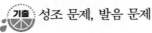 성조 문제, 발음 문제

003 错　cuò　　　　　　　　　[新 HSK2급]

[형] 틀리다

[명] 잘못

004 高　gāo　　　　　　　　　[新 HSK2급]

[명] 높이

[형] 높다

 발음 문제

수능 중국어
필수 단어장

005 健康 jiànkāng [新 HSK3급]

[명] 건강

[형] 건강하다

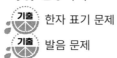 한자 표기 문제

 발음 문제

006 经济 jīngjì [新 HSK4급]

[명] 경제

[형] 경제적이다

007 精神 jīngshén, jīng·shen [新 HSK4급]

[명] jīngshén : 기력, 기운, 정신

[형] jīng·shen : 기운차다, 활기차다

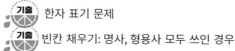 한자 표기 문제

 빈칸 채우기: 명사, 형용사 모두 쓰인 경우

008 困难 kùn·nan [新 HSK4급]

[명] 어려움 (상황, 생활 등이)

[형] 어렵다 (상황, 생활 등이)

009 礼貌 lǐmào [新 HSK4급]

[명] 예의

[형] 예의가 바르다

 성조 배열

010 厉害 lì·hai [新 HSK4급]

[명] 본때, 지독함

[형] 대단하다 (긍정), 심각하다 (부정)

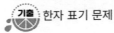 한자 표기 문제

011 牛 niú

[명] 소

[형] 훌륭하다, 고집이 세다

012 热情 rèqíng [新 HSK3급]

[명] 열정

[형] 친절하다, 열정적이다

013 头疼 tóuténg

[명] 두통

[형] 머리가(골치가) 아프다

수능 중국어
필수 단어장

014 幸福 xìngfú

[명] 행복

[형] 행복하다

 성조 문제

015 脏 zāng, zàng [新 HSK4급]

[명] zàng 내장

[형] zāng 더럽다

명사&양사

001 场 chǎng　　　　　　　　　[新 HSK4급]

[명] 장소

[양] 회, 번 (한 바탕 벌어졌다 사라지는 것)

002 段 duàn　　　　　　　　　[新 HSK3급]

[명] 방법

[양] 사물이나 시간의 단락을 세는 단위

003 队 duì

[명] 팀

[양] 무리나 팀을 세는 단위

004 家 jiā　　　　　　　　　　[新 HSK1급]

[명] 집

[양] 가정, 가게, 기업 등을 세는 단위

수능 **중국어**
필수 **단어장**

005 间　jiān,　jiàn

[명] jiàn 틈, 사이 (물리적 혹은 감정적)

[명] jiān 중간, 가운데 (일정한 공간이나 시간)

[양] jiān 칸 (방을 세는 단위)

006 角　jiǎo　　　　　　　　　　[新 HSK3급]

[명] (짐승의) 뿔

[명] 모서리

[양] 중국의 화폐 단위 (1위안의 10분의 1)

007 节　jié　　　　　　　　　　[新 HSK5급]

[명] 명절

[양] 절, 마디, 단락 (글, 한 과목 등을 세는 단위)

008 课　kè　　　　　　　　　　[新 HSK2급]

[명] 과목, 수업

[양] 수업 세는 단위

009 口　kǒu　　　　　　　　　　[新 HSK3급]

[명] 입

[양] 가족을 세는 단위

010 毛　máo　　　　　　　　　　[新 HSK5급]

[명] 털

[양] 중국의 화폐 단위

011 门　mén　　　　　　　　　　[新 HSK2급]

[명] 문

[양] 과목, 기술

 발음문제

012 米　mǐ　　　　　　　　　　[新 HSK3급]

[명] 쌀

[양] 미터, m (길이 단위)

013 声　shēng

[명] (목)소리, 이름

[양] 번, 마디

수능 **중국어**
필수 **단어장**

014 碗   wǎn

[명] 그릇

[양] 그릇을 세는 단위

명사&이합(동)사

001 结果 jiéguǒ, jiē//guǒ [新 HSK4급]

[명] jiéguǒ 결과

[이합] jiē//guǒ 열매 맺다

002 考试 kǎo//shì [新 HSK2급]

[명] 시험

[이합] 시험을 보다

형용사&동사

001 急　jí

[형] 급하다 (일, 성격 등)

[동] 초조하게 하다

002 安静　ānjìng [新 HSK3급]

[형] 조용하다

[동] 조용히 하다

기출 형용사와 동사의 중첩

- 동사 중첩 安静安静 ānjìngānjìng 조용히 하자

- 형용사 중첩 安安静静 ān'an jìngjìng 조용하다

003 方便　fāngbiàn [新 HSK3급]

[형] 편리하다

[동] 편리하게 만들다

004 负责　fùzé [新 HSK4급]

[형] 책임감이 강하다

[동] 책임을 지다

기출 빈칸 채우기: 형용사&동사 용법 모두 출제

干　　gān, gàn　　　　　　　　[新 HSK4급]

[형] gān 건조하다

[동] gān 건조시키다, 말리다

[동] gàn 하다 (일을)

기출 발음 문제

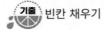 紧张　jǐnzhāng　　　　　　　[新 HSK4급]

[형] 긴장하다

[형] 긴박하다 (시간, 일)

[동] 부족하다 (경제, 물자)

기출 빈칸 채우기

007 客气　kè·qi

[형] 예의바르다, 겸손하다

[동] 사양하다

008 可惜　kěxī　　　　　　　　[新 HSK4급]

[형] 섭섭하다, 아쉽다

[동] ~를 아쉬워하다

수능 **중국어**
필수 **단어장**

009 凉快 liáng·kuai

[형] 시원하다

[동] 더위를 식히다

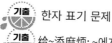 동사 중첩형: 凉快凉快 더위 좀 식히자

010 麻烦 má·fan

[新 HSK4급]

[형] 귀찮다, 번거롭다

[동] 귀찮게 하다

기출 한자 표기 문제

기출 给~添麻烦: ~에게 귀찮음을 더하다. (귀찮게 하다)

011 满意 mǎnyì

[新 HSK3급]

[형] 만족하다

[동] 만족시키다

[주의] 목적어를 취할 수 없는 동사임

012 明白 míng·bai

[新 HSK3급]

[형] 분명하다, 명백하다

[형] 총명하다, 현명하다

[동] 이해하다 (상대방의 뜻, 의도 등)

 빈칸 채우기

明白人 총명한 사람 明白了 이해했다

013 难 nán [新 HSK3급]

[형] 어렵다

[동] 곤란하게 하다, 어렵게 하다

014 破 pò [新 HSK4급]

[형] 낡다, 하찮다

[동] 망가지다, 찢어지다

[동] 깨다

[동] 잔돈으로 바꾸다

015 清楚 qīng·chu [新 HSK3급]

[형] 분명하다

[동] 이해하다 (상황 등을 정확히)

016 晴 qíng [新 HSK2급]

[형] 맑다 (날씨가)

[동] 개다 (날씨가)

017 认真 rènzhēn [新 HSK3급]

[형] 진지하다, 성실하다

[동] 진담으로 받아 들이다

수능 중국어
필수 단어장

018 是　　shì

[新 HSK1급]

[형] 맞다, 옳다

[동] 긍정하다, ~이다

 是~的 강조 문장

: 이미 일어난 일에만 사용, 미래 불가능

: 부정문은 不是~的

 장소+是+사람/사물

 발음 문제

019 讨厌　　tǎo//yàn

[新 HSK4급]

[형] 싫다, 밉살스럽다, 성가시다

[동] 싫어하다

 발음 표기

001 都　　dōu, dū　　　　　　　　　　　[新 HSK1급]

[부] dōu 모두 (예외 없이 전부라는 범위 지정)

[부] dōu 이미, 벌써

[명] dū 도시

기출 범위 부사일 때, 앞자리에 단수가 아닌 복수 등장

기출 빈칸 채우기: '이미'라는 뜻으로 출제

수능 중국어
필수 단어장

부사&대명사

001 多少 duō·shǎo　　　　　　　[新 HSK1급]

[부] 약간

[대] 얼마, 몇

 빈칸 채우기

002 每　 měi　　　　　　　　[新 HSK2급]

[부] 정기적으로 , 항상

[대] 매, 마다

기출 완료를 나타내는 조사 了 혹은 진행을 나타내는

正在와 함께 쓰일 수 없음.

003 自己 zìjǐ　　　　　　　　[新 HSK3급]

[부] 스스로

[대] 자신

부사&동사

001 比较 bǐjiào   [新 HSK3급]

[부] 비교적

[동] 비교하다

002 倒   dǎo,   dào   [新 HSK5급]

[부] dào 오히려, 도리어

[동] dào 따르다, 붓다 (액체)

[동] dào 후진하다, 후퇴하다, 후퇴시키다

[동] dǎo 넘어지다

기출 빈칸 채우기:

摔倒 shuāidǎo 넘어지다

倒很好 dàohěnhǎo 오히려 좋다

003 怕   pà

[동] 걱정되다, 무서워 하다

[부] 아마 (추측)

수능 중국어
필수 단어장

004 还 hái, huán [新 HSK3급]

[부] hái 아직, 여전히, 더욱

[동] huán 돌려주다

 기출 발음: hái, huán 각각의 의미 암기 必

005 没(有)méi(·yǒu) [新 HSK1급]

[부] ~아닌 (과거와 현재 부정, 미래에 사용 불가)

[동] 없다, ~않았다

[짝꿍] 没有~, 就~ ~하지 않으면(없으면), ~하다

没有钱, 就不能去旅行。méiyǒu qián, jiù bùnéng qù lǚxíng.

: 돈이 없으면 여행을 갈 수 없다.

부사&형용사

001 別 bié　　　　　　　　　　　　　　　[新 HSK2급]

[부] ~하지마라

[형] 다른, 별개의

002 本来 běnlái　　　　　　　　　　　　　[新 HSK4급]

[부] 원래 (본질적 성질, 본래의 의도와 생각)

[형] 본래의, 원래의 (본질적 성질, 의도와 생각)

 빈칸 채우기

003 当然 dāngrán　　　　　　　　　　　　[新 HSK3급]

[형] 당연하다

[부] 당연히

004 多 duō　　　　　　　　　　　　　　　[新 HSK1급]

[부] 얼마나~한지

[형] 많다

수능 중국어
필수 단어장

005 经常 jīngcháng

[부] 자주, 종종

[형] 일상적이다. (형용사 활용 가능)

 很**常常** (X) 很**经常** (O)

006 老 lǎo

[부] 늘, 항상

[형] 늙다, 오래된

[형] 질기다 (육질이)

 老地方 늘 만나던 그곳 老迟到 늘 지각한다

007 乱 luàn

[부] 제멋대로

[형] 어지럽다

008 特别 tèbié

특히

[형] 특별하다

009 突然 tūrán   [新 HSK3급]

[부] 갑자기

[형] 갑작스럽다

010 完全 wánquán   [新 HSK4급]

[부] 전적으로, 완전히

[형] 완전하다, 충분하다

 성조 문제

011 一定 yīdìng   [新 HSK3급]

[부] 반드시

[형] 일정하다.

 빈칸 채우기

012 永远 yǒngyuǎn   [新 HSK4급]

[부] 늘, 항상, 언제나

[형] 영원하다

013 原来 yuánlái   [新 HSK4급]

[부] 알고 보니, 원래

[형] 원래의

 빈칸 채우기

수능 **중국어**
필수 **단어장**

014 真 zhēn [新 HSK2급]

[부] 정말로

[형] 진실하다

015 重 zhòng, chóng [新 HSK5급]

[부] chóng 다시 (처음부터 끝까지 전체 과정 반복)

[형] zhòng 무겁다

016 主要 zhǔyào [新 HSK3급]

[부] 주된

[형] 주요한

부사&양사

001 只   zhī, zhǐ   [新 HSK4급]

[부] zhǐ 오로지, 단지

[양] zhī 양말, 상자, 동물, 시계 등을 세는 단위

002 一下   yīxià

[부] 잠시, 잠깐

[양] 동사 뒤에 쓰여 '잠깐 ~하다'라는 뜻이 됨

수능 **중국어**
필수 **단어장**

전치사&부사

001 连　lián

[新 HSK4급]

[전] ~조차도

[부] 연속해서

[표현] 连A都(也) A조차도~

전치사&동사

001 比 bǐ

[新 HSK2급]

[전] ~보다

[동] 비교하다

[동] 대결하다

 부정형 '不比'

比를 사용한 비교문은 还/更을 제외한 다른 부사는 못 씀

그러나 比 뒤에 의문사(什么, 谁 등) 오면 都를 사용해야 함

比자문의 보어는 '一点儿/一些/得多/多了'만 가능

002 打 dǎ

[전] ~(으)로부터 (시작 기점)

[동] 치다, 때리다

[동] 걸다 (전화를)

[동] 하다 (놀이, 운동을)

수능 **중국어**
필수 **단어장**

003 到 　dào

[新 HSK2급]

[전] ~까지 (도착 지점)

[동] 도착하다

 이미 일어난 동작에 대한 도착 지점이나 시간은 到
를 반드시 동사 술어 뒤에 써야 한다.

~시까지 보았다 : 看到~点。(O) 到~点看。(X)

 결과보어 到 는 목적 달성을 말함

碰到 pèng dào 만나다 猜到 cāi dào 알아 맞히다

说到 shuō dào ~를 말하자면

004 给　　gěi

[新 HSK2급]

[전] ~에게

[전] (~에 의해) ~되다(당하다) (피동문)

[형태] S+给+(N)+V+기타성분。

　: S이/가 (N에게) V되다(당하다).

[동] 주다

[동] ~에게 ~을 주다 (이중 목적어)

[형태] S+给+O1(대상)+O2(주는 것)。

　: S이/가 O1에게 O2을/를 주다.

 没给我동사 (O) 给我**没**동사 (X)

005 叫 jiào [新 HSK1급]

[동] ~을/를 부르다

[동] 울다, 짖다 (동물 등)

[동] ~에게 ~라고 부르다 (이중 목적어)

[형태] S+叫+O1(부르는 대상)+O2(부르는 명칭)。

: S이/가 O1을/를 O2라고 부르다.

[동] ~에게 ~하게 만들다 (겸어문)

[형태] S1+叫+[O1&S2]+V2+O2。

: S1이/가 [O1&S2]에게 O2을/를 V2하게 만들다.

[전] ~에게(~에 의해) ~되다(당하다) (피동문)

[형태] S+叫+N+V+기타성분。

: S이/가 N에 의해 (O을/를) V되다(당하다).

 피동문에서 부정부사 没는 叫 앞에 쓴다.

 가능보어는 피동문에 쓰일 수 없다.

006 离 lí [新 HSK2급]

[전] ~로 부터~까지 (거리감)

[동] 떠나다

 빈칸 채우기, 어순 배열

007 拿　ná

[新 HSK3급]

[전] ~를 가지고서, ~로써

[동] 획득하다 (상, 순위 등)

[동] 잡다, 가지다

008 让　ràng

[新 HSK2급]

[전] ~에게(~에 의해) ~되다(당하다) (피동문)

[형태] S+让+N+V+기타성분。

　　: S이/가 N에 의해 (O을/를) V되다(당하다).

[동] ~을/를 ~하게 만들다

[형태] S1+让+[O1&S2]+V2+O2。

　　: S1이/가 [O1&S2]에게 O2을/를 V2하게 만들다.

[동] 양보하다, 비키다, 시키다, 당하다

009 替　tì

[전] ~을/를 위하여, ~때문에

[동] 대신하다. 대신해주다

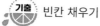 빈칸 채우기

010 通过 tōngguò　　　　　　　[新 HSK4급]

[전] (수단, 매개체)~통해서

[동] 통과하다

011 为 wéi, wèi　　　　　　　[新 HSK3급]

[전] wèi ~을/를 위하여

[동] wéi ~이다, ~하다, ~로 삼다

012 向 xiàng　　　　　　　[新 HSK2급]

[전] ~쪽으로, ~로, ~를 향하여, ~에게

[동] 향하다, ~을/를 본받다

 빈칸 채우기

 向A借 xiàng A jiè A에게 빌리다

013 往 wǎng　　　　　　　[新 HSK4급]

[전] ~쪽으로

[동] 가다, (~로) 향하다

 往뒤에는 사람이 대상으로 쓰일 수 없음

014 用 yòng　　　　　　　[新 HSK3급]

[전] ~로, ~을 사용해서

[동] 사용하다

수능 중국어
필수 단어장

전치사&접속사

001 跟　gēn

[新 HSK3급]

[전] ~에게, ~와/과

[접] ~와/과

 跟A学(习) gēn A xué(xí) A에게 배우다

002 和　hé

[新 HSK1급]

[전] ~에게

[접] ~와/과

003 因为 yīn·wèi

[新 HSK2급]

[전] 왜냐하면, ~때문에

[접] 왜냐하면, ~때문에

[짝꿍] 因为~, 所以(suǒyǐ)~。~ 때문에, 그래서~하다.

 발음 문제

전치사&양사

001 把　bǎ

[新 HSK3급]

[전] ~을/를 (특정한 대상을 처리함)

[양] 손에 쥘 수 있는 것을 세는 단위 (우산, 의자,
한 웅큼 등)

 把자문의 형태: 주어+(부사어)+把특정한목적어+동
사+기타성분(了/着/가능보어를 제외한 보어/중첩/一
下)。

부정 형태: 不/没/別+(조동사)+把~

 同意(tóngyì 동의하다), 知道(zhīdào)와 같은 심리
동사는 사용 불가

 抓一把 zhuā yì bǎ 한 웅큼을 잡다

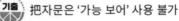 把자문은 '가능 보어' 사용 불가

[주의] 把자문은 구체적인 동작만 사용 가능

수능 중국어
필수 단어장

접속사&명사

001 边　biān,　·bian

[접] biān (동시 동작) ~하면서

[짝꿍] 边~边~: ~하면서 ~하다.

[명] ·bian 가장자리, 변

[표현] 这边 zhè bian 이쪽　那边 nà bian 저(그)쪽

002 一边　yībiān

[新 HSK3급]

[명] 한쪽, 한편

[접] 一边~, 一边~: ~하면서 ~하다.

접속사&부사

001 不过 búguò [新 HSK4급]

[접] 그러나

[부] ~에 불과하다

002 还是 hái·shi [新 HSK3급]

[부] 여전히, 아직도, 그래도

[부] 의외로, 뜻밖에

[접] ~아니면

[표현] (是)~, 还是~。 ~아니면, ~이다

 或者(huòzhě)와 비교 : 还是은 의문문을 만드는 기

능이 있지만 或者는 의문문을 만들 수 없다.

003 或者 huòzhě [新 HSK3급]

[부] 아마, 어쩌면

[접] 혹은

[짝꿍] 或者~或者~。~이든지, 혹은 ~이든지

 의문의 어감을 갖지 않음.

수능 **중국어**
필수 단어장

조사&동사

001 等　děng

[新 HSK2급]

[조] 등등

[동] 기다리다

[동] ~하고나서

[표현] 等~再~。~하고나서 ~하다.

 '等等+시량보어' 혹은 '等了等+시량보어' 사용 불가

002 过　guò,　·guo

[新 HSK4급]

[조] ~한 적 있다, ~ 했었다 (과거의 경험)

[동] 지나다 (장소)

[동] 보내다, 지내다 (생활, 시간 등)

 再好不过了。zài hǎo bùguòle. 더 좋을 수 없어!

 동태조사: 연동문에서는 마지막 동사 뒤에 위치

형용사+过 가능: 胖过 뚱뚱했던 적 있다

知道过(X): 是, 在, 知道, 以为, 认为, 打算, 开始,

觉得 등은 뒤에 过를 쓸 수 없다.

003 了 　·le, liǎo　　　　　　　[新 HSK1급]

[동태조사] ·le 동작의 완료

[어기조사] ·le 동작이나 상태의 변화와 지속

[동사] liǎo 완결하다 혹은 가능, 불가능 표시

　　　V得了 deliǎo : V 할 수 있다

　　　V不了 buliǎo : V 할 수 없다

004 着 　·zhe, zháo　　　　　　[新 HSK2급]

[조] zhe ~하면서, ~하고 있다.

[동] zháo 도달했거나 결과가 있음을 나타냄

기출　zhe 를 활용한 옳은 문장 고르기

　　존재문의 형태: 처소사+동사着+대상

조사&명사

001 地　　·de,　dì

[新 HSK3급]

[명] dì 땅, 구역, 장소

[조] ·de 부사어를 표시해주는 구조 조사

[표현] (수량 중첩, 형용사, 동사, 성어 등)+地+술어 =

　　‘부사어’ 하게 술어 하다.

양사&동사

001 倍　bèi　　　　　　　　　　　　[新 HSK4급]
[양] 배, 곱절
[동] 배로 늘다

002 顶　dǐng　　　　　　　　　　　　[新 HSK5급]
[양] 모자 혹은 꼭대기가 있는 물건 세는 단위
[동] 머리로 받다, 헤딩을 하다
[동] 무릅쓰다. 마주대하다
기출 '헤딩하다'라는 표현으로 출제

003 分　fēn　　　　　　　　　　　　[新 HSK3급]
[양] 분 (시간 단위)
[동] 나누다

004 刻　kè　　　　　　　　　　　　[新 HSK3급]
[동] 새기다
[양] 15분 (시간 단위)

수능 중국어
필수 단어장

005 度　dù

[양] 도 (온도 단위)

[동] 경과하다

006 回　huí

[新 HSK1급]

[동] 돌아오다, 돌아가다

[양] 회, 번

 정반의문문은 回**得来**回**不来**의 형태로 써야 함

007 转　zhuǎn, zhuàn

[양] 바퀴

[동] zhuǎn 바뀌다

[동] zhuàn 돌아보다, 돌아다니다, 회전하다

 빈칸 채우기

감탄사&동사

001 喂　　wèi　　[新 HSK1급]

[감] 야, 저기요, 어이

[동] 먹이를 주다 (동물에게), 기르다 (가축)

 발음 문제

조동사&동사

001 想   xiǎng   [新 HSK1급]

[조동] ~하고 싶다

[동] 생각하다, 그리워하다

002 要   yào   [新 HSK2급]

[동] 원하다, 바라다, 필요하다

[조동] ~하려고 하다

대명사&접속사

001 那 nà [新 HSK2급]

[대] 저, 저것, 저 사람, 저곳

[접] 그러면, 그렇다면

[표현] 那我走了。 nà wǒ zǒule. 그럼 나는 갈게.

002 那么 nà·me

[대] 그렇게 (정도)

[접] 그러면, 그럼

수능 중국어
필수 단어장

for TOMORROW :

Part
3

세 가지 품사를
가진 어휘

형용사&부사&명사

001 全部 quánbù

[新 HSK4급]

[명] 전부

[부] 전부

[형] 전부의

[표현] 全部的问题(X): 全部는 관형어로 사용 불가능

 발음 문제

002 早 zǎo

[형] 이르다, 빠르다 (시간)

[부] 일찍이, 오래전에, 이미, 벌써

[명] 아침

 빈칸 채우기: 就와 비교.

이미(벌써)~을 다했다: 早동사好了。(O)

就는 일반적으로 '구체적 시간 + 就' 형태로 쓰임

형용사&동사&명사

001 差　chā, chà, chāi　[新 HSK3급]

[형] chà 모자라다, 부족하다

[명] chā 차이, 격차

[동] chāi 파견하다

[명] chāi 출장업무

002 长　cháng, zhǎng　[新 HSK3급]

[형] cháng 길다

[동] zhǎng 자라다, 생기다 (외모의 생김새)

[명] zhǎng 우두머리

[명] zhǎng 직급

 기출 zhǎng 동사 발음 문제

003 花　huā　[新 HSK3급]

[명] 꽃

[동] 쓰다, 소비하다

[형] 침침하다 (눈이)

 기출 발음 조합

214

수능 중국어
필수 단어장

004 进步 jìnbù

[명] 진보, 발전

[동] 진보하다, 발전하다

[형] 진보적인

005 空 kōng, kòng

[형] kōng 내용이 없다. 헛되다. 비다

[동] kòng 비우다

[명] kòng 틈, 빈 공간

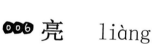 kōng 성조 문제

006 亮 liàng

[형] 밝다, 환하다

[명] 불, 등불

[동] 빛나다,

[동] 보여주다 (신분증 등)

007 热　rè　[新 HSK1급]

[형] 덥다

[형] 인기 있는

[동] 데우다, 가열하다

[명] 열, 열기, 붐

 빈칸 채우기 : 붐, 열기

008 所有　suǒyǒu　[新 HSK4급]

[형] 모든 (같은 종류의 것 모두)

[동] 소유하다

009 行　xíng,　háng　[新 HSK4급]

[형] xíng 좋다, 괜찮다, 대단하다

[동] xíng 걷다, 보내다, 전달하다

[명] háng 행, 줄, 업종, 직업

수능 **중국어**
필수 **단어장**

전치사&동사&부사

001 在　　zài

[新 HSK1급]

[전] ~에서

[동] ~에 있다.

[부] ~하는 중이다

 존재문: **특정한사람/사물**+在+장소

: 특정한 사람/사물이 어떤 장소 있다.

001 哪 nǎ, ·na [新 HSK2급]

[대] 어느(것)

[부] 어찌하여, 왜, 어떻게

[조] 啊·(a)가 변한 어기조사

수능 중국어
필수 단어장

형용사&양사&전치사

001 对　dui

[新 HSK2급]

[전] ~에 대해서

[형] 맞다, 옳다

[양] 쌍 (짝을 이루는)

양사&명사&동사

001 包 bāo [新 HSK3급]

[양] 봉지를 세는 단위

[명] 여드름, 뾰루지, 혹

[명] 주머니

[동] 싸다, 주머니

[동] 보장하다

[동] 책임지다

[동] 전세를 내다, 대절을 하다

 기출 빈칸 채우기

002 套 tào [新 HSK5급]

[양] 세트, 벌

[명] 덮개

[동] 씌우다

수능 중국어
필수 **단어장**

003 下　　xià　　　　　　　　　　　　　　[新 HSK1급]

[명] 아래, 밑

[동] 내려가다, 내리다 (장소의 이동)

[동] 내리다 (의견, 판단을)

[양] 동작의 횟수

[표현] 동사+下去: 계속 '동사' 해나가다

004 种　　zhǒng,　zhòng　　　　　　[新 HSK3급]

[양] zhǒng 종류를 세는 단위

[명] zhǒng 종, 품종 (생물의 기초 단위)

[동] zhòng 심다

001 得   dé, ·de, děi   [新 HSK4급]

[동] dé 얻다

[조] ·de 구조 조사, 정도보어, 가능보어 표시

[조동] děi ~ 해야 한다

[동] děi 필요하다 (시간, 금전 등이)

수능 중국어
필수 단어장

조동사&부사&동사

001 该   gāi

[조동] ~해야 한다

[부] 아마도~

[부] 얼마나, 정말 (감탄의 어감)

[동] ~의 차례다

 该多好啊! gāi duō hǎo a! 얼마나 좋을까!

001 可能 kěnéng

[新 HSK2급]

[부] 아마도

[명] 가능성

[조동] ~하는 것이 가능하다

 很可能 hěn kěnéng ~할 가능성이 아주 많다

수능 중국어
필수 단어장

형용사&동사&부사

001 好 　hǎo，　hào 　　　　　　　　[新 HSK1급]

[형] hǎo 좋다, ~하기가 쉽다

[형] hǎo 안녕하다, 안녕하세요

[동] hào ~하기를 좋아하다

[부] hǎo 매우, 아주

 빈칸 채우기

002 够 　gòu 　　　　　　　　　　　[新 HSK4급]

[부] 제법, 꽤

[형] 충분하다

[형] 싫증나다

[동] 미치다, 닿다 (손)

[동] 도달하다, 이르다 (조건 등)

 빈칸 채우기: 다의어

명사&양사&부사

001 一会儿 yīhuìr

[新 HSK3급]

[명] 잠시, 잠깐

[양] 잠시, 잠깐

[부] 잠시 ~ 하다가 (짧은 시간의 변화)

[표현] 동사/형용사+一点儿: 조금 동사/형용사 하
다.

 一会儿~, 一会儿~ 잠깐 ~했다가, 잠깐 ~ 하다

기출 빈칸 채우기: 一会儿就好了。곧 다 된다.

Part

4

관용적
표현

001 不好意思　bùhǎoyì·si　　[新 HSK5급]

미안하다, 부끄럽다. (비교적 일상적)

002 不见不散　bújiàn búsàn

꼭 보자! 꼭 만나자!

003 不客气　búkè·qi　　[新 HSK1급]

별 말씀을요! (감사에 대한 대답)

004 对不起　duì·buqǐ　　[新 HSK1급]

미안하다. (비교적 정중한 표현)

005 好久不见　hǎojiǔbújiàn

오랜만이다.

006 开玩笑　kāiwánxiào　　[新 HSK4급]

농담하다.

007 没关系　　méi guān·xi　　[新 HSK1급]

괜찮아요! (사과에 대한 대답)

008 请问　　　qǐngwèn

실례합니다.

009 谢谢　　　xiè·xie　　[新 HSK1급]

감사합니다. ~을/를(~에게) 감사하다.

010 再见　　　zàijiàn　　[新 HSK1급]

또 만나 (예의를 지키는 사이에 주로 사용)

수능 중국어
필수 단어장